NAPOLÉON

ET

LE PEUPLE.

IMPRIMÉ PAR BÉTHUNE ET PLON, A PARIS.

NAPOLÉON

ET

LE PEUPLE.

HISTOIRE COMPLÈTE DE L'EMPEREUR NAPOLÉON,

DÉDIÉE

aux Gardes nationales et à l'Armée françaises.

PARIS,

CHARLES LE CLERE, LIBRAIRE-ÉDITEUR,

RUE GIT-LE-COEUR, 10.

—

1841.

OBSERVATIONS PRÉLIMINAIRES.

Le plus grand des orateurs romains, voulant
expliquer les causes de la splendeur de la république romaine à une époque déjà passée, disait :
« C'est qu'alors le peuple et le sénat· ne faisaient
qu'un. » En s'exprimant ainsi, Cicéron prophé-
tisa les causes de la grandeur de Napoléon et de la
grandeur de la nation française. Ils ne firent
qu'un. Il y eut identité entre l'homme fastique,
comme l'a appelé **M.** de Châteaubriand, et le
peuple.

Au 18 brumaire, le général Bonaparte, ayant
deviné les vœux et surtout les besoins des masses, fit un triage dans les décombres de la vieille
France et parmi les débris de la révolution ; il
prit à tous les temps ce qu'ils avaient produit de
bon, pour en pétrir le grand empire qu'il érigea

à l'ombre de ses lauriers consulaires. Napoléon alors résuma le peuple en sa personne ; en plaçant sur son front la couronne impériale, il couronna dans sa pensée la nation que le premier, du milieu des camps, il avait saluée du nom de grande entre toutes les nations. Lorsqu'à son tour le peuple lui décerna le titre de Napoléon-le-Grand, il ne fit que réverbérer sur son représentant le reflet de sa propre grandeur. Cela suffirait pour expliquer comment long-temps encore après sa mort Napoléon ne fut pas mort pour le peuple ; c'est qu'il se survivait dans les masses, qui continuaient à le représenter comme il les avait représentées lui-même. Là est le secret de ce napoléonisme grandiose, élevé, populaire enfin, passé, si l'on peut ainsi dire, à l'état de religion, et qui, par conséquent, exclut la famille de l'empereur du culte consacré à sa mémoire.

Sous l'empire, un grand problème fut résolu : la conciliation de la gloire au-dehors et de l'ordre au-dedans. Le règne de Napoléon nous en offre le plus miraculeux exemple qu'il soit possible de trouver dans l'histoire ; et de cet accord surgit une preuve nouvelle de l'assentiment du peuple aux actions du chef qu'il s'était choisi.

Comme on a découvert des taches dans le soleil, on en a trouvé aussi dans la vie de Napoléon ; mais la lumière du soleil n'en éclaire pas moins le monde. Ainsi en est-il de la gloire du grand homme, dont les derniers vœux viennent d'être accomplis. Son ombre, à défaut de son génie, préside à nos destinées. Puisse-t-elle imposer silence à ses détracteurs !

Pour nous, en essayant de retracer une histoire sommaire de Napoléon, nous n'avons pas voulu le séparer de ce peuple qu'il aimait tant , et qui lui conserve un si religieux amour. Sur le trône même, Napoléon conserva l'esprit démocratique sur lequel il s'était appuyé pour y monter : son culte pour l'égalité en fait foi. Les hiérarchies sociales qu'il fonda n'ont rien qui le démente, toutes les carrières étant ouvertes à tous, toutes les distinctions réservées à tous les mérites. Grandi dans les camps, il avait vu la discipline militaire, ce qui est l'ordre dans une armée, résultant de la différence des grades, et ce fut cet esprit d'ordre et de conservation qu'il voulut appliquer aux services civils, afin que tout fût coordonné dans son empire. La Légion-d'Honneur fut le ciment dont il en assembla les diverses parties, et, sur ce point, nous ne pensons pas que le peuple grossisse le nombre de ses détracteurs. Le soldat, peuple de l'armée, était le principal objet de ses prédilections. Dans l'intérieur de l'Empire, il travaillait au salut et au bonheur du peuple. Ainsi donc, en résumant ce peu de mots préliminaires, qui nous serviront de guides dans la route que nous allons suivre, nous croyons pouvoir l'affirmer sans être démentis : « Napoléon ayant été de son vivant l'expression du peuple, il est tout simple qu'après sa mort le peuple n'ait point cessé d'être l'expression de Napoléon. »

NAPOLÉON.

I.

Depuis sa naissance jusqu'au 13 vendémiaire.

Tous tant que nous sommes nous aimons le merveilleux ; nous nous plaisons à environner de circonstances surnaturelles l'origine des grandes nations et le berceau des grands hommes. Certes, les historiens de Rome auraient été bien mal venus de leur temps s'ils avaient fait rentrer dans le domaine des fables la paternité du dieu Mars, l'allaitement par une louve de Rémus et de Romulus, enfin la nymphe Égérie, cette conseillère intime de Numa, qui n'était que la sagesse personnifiée. Le charme attaché à ces poétiques inventions naît surtout de ce que les vérités que l'on pourrait leur opposer restent toujours enveloppées dans le doute, et il n'en peut être autrement. La source d'un grand fleuve ressemble à la source d'un humble ruisseau ; Rome, avant de devenir la tête du monde, en fut, comme la république de Saint-Marin, une parcelle de membre long-temps inaperçue. Ainsi en est-il des hommes que Dieu a pétris d'une argile privilégiée. Ce n'est que quand ils ont grandi, quand leur génie, après avoir plané sur leur siècle, prend son vol vers l'immortalité, que l'on remonte vers leur enfance pour y chercher des signes indicateurs de leur caractère, de leur intelligence, dont le développement a enfanté leur destinée. Malheureusement, ou heureusement peut-être, l'enfance des grands hommes ressemble beaucoup à l'enfance des hommes ordinaires, et, comme on n'a pas prévu leur grandeur, nul n'a songé à tenir registre d'une foule de faits insignifiants par eux-mêmes et que pourtant on recherche ensuite avec une extrême avidité.

Napoléon, dont la renommée, vaste comme le monde, vivra éternellement dans le souvenir des hommes, n'a pas besoin que l'on scrute les premières années de sa vie pour y chercher les pronostics de son immensité, et cependant, si l'on omettait les traits épars recueillis par les historiens et qui s'y rapportent, quelque chose manquerait à l'ensemble de sa physionomie.

Baptisé sous le nom de Napoléon, Bonaparte, dont le nom de famille s'écrivait alors Buonaparte, naquit à Ajaccio, en Corse, le 15 août 1769, c'est-à-dire environ un an après que l'île de Corse fut devenue une île française. Sa courageuse mère, du nom de Lætitia Ramolino, le mit au monde au milieu des discordes civiles ; les douleurs de l'enfantement furent si rapides qu'elle le déposa sur un tapis.

Sans doute il importe bien peu à la gloire de Napoléon que sa famille ait été d'une noblesse fort ancienne et déjà illustrée ; que le nom des Buonaparte se soit retrouvé inscrit sur les regis- tres anciens de plusieurs villes d'Italie, et notam- ment sur le livre d'or de Florence comme podestat de la ville ; mais, puisque c'est une vérité, on n'a pas le droit de la passer sous silence. Une grande naissance n'est que l'effet du hasard, mais d'un hasard heureux. Si, par exemple, Napoléon n'eût pas appartenu à une famille noble, il n'aurait pas pu être admis à l'École Militaire de Brienne, où il entra à l'âge de neuf ans, huit mois et cinq jours. Il y passa cinq ans, cinq mois et vingt-sept jours, et en sortit le 17 octobre 1784 pour venir à l'É- cole Militaire de Paris. Vous qui avez été témoins des pompes impériales vingt ans après, n'oubliez pas que ce fut dans une carriole qu'on condui- sit le jeune Bonaparte, jusqu'au coche d'eau de Nogent - sur - Seine ; car tel fut le navire qui amena à Paris le nouveau César et sa fortune.

Quelques mots maintenant sur le séjour de Napoléon à l'École Militaire de Brienne, parce que là déjà il montra des traits de caractère capables de révéler l'homme dans l'enfant. Pour faire voir ce qu'il était réellement, nous n'avons pas besoin d'admettre des fables comme celle par exemple où un historien allemand lui fait construire des remparts de neige et soutenir un siége contre ses camarades, comme aussi l'histoire du ballon de l'aéronaute Blanchard, où l'on a prétendu que l'écolier voulut monter. Ce sont choses de pure invention dont sa mémoire n'a pas besoin ; ce qui est vrai, c'est que tout enfant il avait une grande propension à s'occuper des sciences politiques, ainsi que l'atteste une note du principal de Brienne ; c'est que, dans ses jeux enfantins, il laissait entrevoir l'instinct du commandement et l'amour de la discipline. Un jour madame Hauté, femme du concierge de l'École, et que depuis le premier consul plaça à la Malmaison en la même qualité, ayant voulu assister sans carte d'entrée à une représentation de la *Mort de César*, que jouaient les élèves, Napoléon s'écria d'une voix impérieuse : « Qu'on éloigne cette femme, qui » apporte ici la licence des camps ! » Or, la *licence des camps* consistait en fruits et en petits gâteaux, que madame Hauté vendait aux écoliers. Le sévère exécuteur de la consigne était à peine âgé de treize ans.

Autre chose remarquable ; ce nom de Napoléon destiné à remplir le monde de sa gloire fut la cause des premiers chagrins de Bonaparte ; ses camarades se moquaient de ce nom qu'ils trouvaient bizarre, et leurs moqueries aigrissaient son caractère naturellement taciturne. Il faut ranger aussi parmi les singularités qui marquèrent l'enfance de Napoléon le hasard qui lui donna pendant quelque temps Pichegru pour professeur de mathématiques.

Voici encore un trait où l'on peut reconnaître dans Bonaparte enfant la ténacité en même temps que la générosité de son caractère. On peut en croire son camarade Bourrienne, qui fut son premier ami, devint son secrétaire et plus tard son ennemi le plus acharné. On sait qu'il ne le gâte pas dans ses *Mémoires*. Cependant nous y lisons les lignes suivantes, que l'on devrait faire méditer à tous les enfants et même à la plupart des hommes : « Bien que Bonaparte eût rarement à se louer de ses camarades, il dédaignait de porter des plaintes contre eux ; et lorsqu'il avait à son tour la surveillance de quelque devoir que l'on enfreignait, il aimait mieux aller en prison que de dénoncer les petits coupables. » N'y a-t-il pas là, dans son germe, le souverain mépris qu'inspira toujours à Napoléon tout ce qui était police, et son peu de facilité à croire aux rapports dont on l'accablait sans cesse?

M. de Keralio, inspecteur des écoles militaires du royaume, faisait chaque année une inspection de chaque école et présentait au roi un rapport où tous les écoliers étaient mentionnés. Dans le compte-rendu de 1784, M. de Keralio s'exprime ainsi au sujet de Bonaparte : « M. de Buonaparte » (Napoléon), né le 15 août 1769, taille de 4 pieds » 10 pouces 10 lignes, a fait sa quatrième; de » bonne constitution, santé excellente, caractère » soumis, honnête, reconnaissant, conduite très- » régulière, s'est toujours distingué par son ap- » plication aux mathématiques. Il est assez faible » pour les exercices d'agrément et pour le latin, » où il n'a fait que sa quatrième. *Ce sera un* » *excellent marin;* il mérite de passer à l'École » Militaire de Paris. »

Ce fut à la suite de cette note que Napoléon passa en effet à l'École de Paris avec MM. de Dampierre, de Castres, de Comminges et de

Laugier de Bellecourt, tous comme lui élèves du roi.

Là, à peine âgé de quinze ans, Bonaparte donna une preuve écrite et heureusement conservée de cette puissance du génie de l'administration dont il ne fut pas moins doué que du génie de la guerre, et en même temps de cette rectitude de jugement, compagne inséparable de ses actions et de ses pensées. Le luxe introduit dans l'École l'offusqua au point que, dès les premiers jours qui suivirent son admission, il adressa au sous-principal Berton un mémoire ou, pour mieux dire, un plan de réforme dont on retrouvera l'application dans l'organisation des grands établissements du Consulat et de l'Empire. Il démontrait tout ce qu'avait de pernicieux le plan suivi d'une éducation trop dispendieuse. « Les » élèves du roi, disait-il, tous pauvres gentils- » hommes, n'y peuvent puiser, au lieu des qualités » du cœur, que l'amour de *la gloriole*, ou plutôt » des sentiments de suffisance et de vanité, tels, » qu'en regagnant leurs pénates, loin de partager » avec plaisir la modeste aisance de leur famille, ils » rougiraient peut-être des auteurs de leurs jours » et dédaigneraient leur modeste manoir. »

Quel langage chez un enfant ! Quelle admi-

rable critique de ces éducations superbement frivoles qui jettent dans le monde tant de présomp-
tueux ignorants et soufflent dans toutes les classes
de la société ces fièvres d'ambition qui poussent
inconsidérément la jeunesse, non pas à se perfectionner dans l'état de leur père, mais à en changer, au détriment et à la ruine de tous !

« Au lieu d'entretenir un nombreux domesti-
» que autour de ces élèves, poursuivait Bona-
» parte, de leur donner journellement des repas
» à deux services, de faire parade d'un ménage
» très-coûteux, tant pour les chevaux que pour
» les écuyers, ne vaudrait-il pas mieux, sans
» toutefois interrompre le cours de leurs études,
» les astreindre à se suffire à eux-mêmes, moins
» leur petite cuisine qu'ils ne feraient pas, leur
» faire manger du pain de munition ou d'un qui
» en approcherait, les habituer à battre, à brosser
» leurs habits, à nettoyer leurs souliers et leurs
» bottes. Puisqu'ils sont loin d'être riches, et que
» tous sont destinés au service militaire, n'est-ce
» pas la seule et véritable éducation qu'il faudrait
» leur donner ? Assujettis à une vie sobre, à soi-
» gner leur tenue, ils en deviendraient plus ro-
» bustes, sauraient braver les intempéries des
» saisons, supporter avec courage les fatigues de

» la guerre, et inspirer le respect et *un dévoue-*
» *ment aveugle* aux soldats qui seraient sous
» leurs ordres. »

N'est-ce pas là le programme des écoles militaires de l'Empire? Que si d'ailleurs nous nous
sommes arrêtés à ces prémices d'un grand homme
un peu longuement, par rapport au peu d'étendue
du cadre que nous nous sommes donné, c'est
que les rapprochements qui naissent de la pensée
déjà élevée d'un enfant avec leur mise en pratique nous ont paru d'un extrême intérêt.
L'homme, si l'on peut hasarder cette expression,
est déjà *planté* dans sa nature qui ne changera pas
au milieu des développements que les circonstances modifieront seulement dans leur application.
Déjà on voit que Bonaparte, gentilhomme, ne veut
point de priviléges pour lui , et l'esprit d'égalité
se fait jour quand il demande que le commandement appartienne à ceux qui s'en seront rendus
dignes par des travaux et des privations. Re-
marquons qu'à cette époque il était impossible
de prévoir l'imminence d'une révolution populaire
et d'un nivellement social. Si maintenant on ana-
lyse ces idées, on y voit dès à présent que Bonaparte dut aimer la révolution dans ce qu'elle eut
de grand, de généreux, de réformateur, et l'exé-

crer dans ses furieuses conséquences ; enfin que
son instinct, précurseur de son génie, le portait
à la construction et non à la destruction, comme
Mirabeau, par exemple, dont la voix tonnante ne
servit qu'à démolir, tandis que toutes les actions
de Napoléon eurent pour objet une vaste réédifi-
cation moins les abus. Ces deux hommes réalisè-
rent un fait de l'histoire sainte et une fable de
l'antiquité : Jéricho tombant au bruit des terribles trompettes, et les murs thébains se relevant
au son de la lyre d'Amphion.

Le jeune Napoléon ne resta pas long-temps à
l'École Militaire de Paris. Ses supérieurs, fatigués
de son caractère tranchant, de son esprit obser-
vateur, accélérèrent l'époque de son examen de
sortie, et il entra, comme on le sait, en qualité
d'officier d'artillerie dans le régiment de la Fère.
Sa jeunesse fut un temps d'épreuves et souvent
de rudes privations. Quand il allait dans le monde,
il s'y trouvait dépaysé. Il fréquenta les salons de
quelques-uns de ses compatriotes, entre autres
le salon alors très-élégant et fort à la mode de
madame de Permon, Corse de naissance, intime
amie de madame Lætitia Ramolino et de toute la
famille Bonaparte. Ce fut même chez madame de
Permon que mourut, à Montpellier, M. Charles

Bonaparte, père de l'empereur, ancien député de la noblesse corse auprès de Louis XVI. Madame de Permon avait deux filles, dont l'une devint madame Junot, plus tard duchesse d'Abrantès. Les personnes qui fréquentaient la société à cette époque se rappellent que Napoléon était très-amoureux de madame de Permon, qui était en effet d'une grande beauté et parfaitement aimable. Il ne nous appartient pas de caractériser cette passion autrement que l'a fait madame d'Abrantès dans ses Mémoires. Il est tout naturel qu'une fille ne parle de sa mère qu'avec respect. Ce qu'il y a de certain, c'est que Napoléon était prodigieusement jaloux, et que l'on ne disait pas dans ce temps-là que ce fût sans sujet. Le monde brillant qui l'environnait dans ces sociétés aristocratiques l'offusquait. Quand il se repliait dans son sens intérieur, il ne pouvait s'empêcher de se comparer, lui, jeune chêne, à des arbustes tout en écorce, et il puisa sans doute dans ses élucubrations mentales l'aversion profonde que lui ont toujours inspirée les hommes oisifs et par conséquent inutiles. Intimement lié d'abord avec son compatriote Salicetti, l'un des révolutionnaires les plus avancés, ils ne tardèrent pas à se brouiller d'une manière qui fit quelque éclat, et ils vé-

curent ensuite en grande froideur jusqu'au moment où l'empereur, ayant placé son frère Joseph
sur le trône de Naples, lui permit de prendre
Salicetti pour ministre de la police.

On nous pardonnera sûrement d'anticiper , comme nous venons de faire, sur des temps qui sont encore à venir à l'époque où nous sommes placés ; souvent les faits relatifs au même personnage s'enchaînent de telle sorte qu'ils perdraient beaucoup à être séparés et colloqués chacun à leur date comme dans un journal.

Nous n'avons point à raconter les événements de la Révolution auxquels Napoléon ne prit aucune part active; nous avons dit en quoi ce grand événement devait obtenir son approbation. Il manifesta plus d'une fois dans les clubs, qu'il fréquentait , son désir de voir triompher la cause du peuple , la cause vraiment nationale; mais on n'a peut-être pas assez fait observer que son respect pour le vrai peuple éclata surtout en ce qu'il ne le confondit jamais avec cette populace effrontée, effrénée , ivre de sang, de colère et de vin , qui, dans les jours néfastes , sert d'instrument aveugle à de lâches ambitieux. Mieux que qui que ce soit Napoléon comprit que la première condition, pour être populaire, est de ne pas se faire populacier.

Sa sœur Élisa était élève du roi à Saint-Cyr, comme lui-même il l'avait été à l'École Militaire. Avant la journée du 20 juin, de ce jour précurseur et indicateur du 10 août, il alla la voir à son couvent qui n'était pas encore fermé ; il s'y rendit en la compagnie de son camarade Bourrienne, qu'il avait retrouvé après une assez longue absence de celui-ci. Ils menaient, s'il faut en croire les plus incontestables autorités, une existence un peu vagabonde, vivant de peu chez un modeste restaurateur de la rue Saint-Honoré, près le Palais-Royal. Comme nous ne voulons point nous approprier ce que nous empruntons, nous laisserons raconter à M. de Bourrienne ce dont les deux amis furent témoins ensemble le 20 juin. « Ce jour-là, dit-il, en sortant de » dîner, nous vîmes arriver du côté des halles » une troupe que Bonaparte croyait être de cinq » à six mille hommes, déguenillés et burlesque- » ment armés, vociférant, hurlant les plus gros- » sières provocations et se dirigeant à grands pas » vers les Tuileries. C'était certes ce que la po- » pulation des faubourgs avait de plus vil et de » plus abject. *Suivons cette canaille*, me dit Bo-

» naparte. Nous prîmes les devants , et nous al-
» lâmes nous promener sur la terrasse du bord
» de l'eau. C'est de là qu'il vit les scènes scan-
» daleuses qui eurent lieu. Je peindrais diffici-
» lement le sentiment de surprise et d'indignation
» qu'elles excitèrent en lui. Il ne revenait pas de
» tant de faiblesse et de longanimité. Mais, lorsque
» le roi se montra à l'une des fenêtres qui don-
» nent sur le jardin avec le bonnet rouge que
» venait de placer sur sa tête un homme du peu-
» ple, l'indignation de Bonaparte ne put se con-
» tenir : *Che coglione*, s'écria-t-il assez haut,
» *comment a-t-on pu laisser entrer cette ca-*
» *naille? Il fallait en balayer quatre ou cinq*
» *cents avec du canon, et le reste courrait en-*
» *core.* »

Cette parole de Napoléon fut, comme tant
d'autres , mise en action, lorsqu'au 13 vendémiaire il fut chargé de la défense de la Convention nationale. Nous continuons à insister sur
ces rapprochements, parce qu'ils enseignent mieux
l'homme en le montrant toujours d'accord avec
lui-même, comme on le retrouvera encore tel à
Sainte-Hélène. Jeune, sans état, officier, général,
consul, empereur, et quand il a reçu la grande
consécration du malheur, c'est toujours *lui*, c'est-

à-dire cette puissante organisation qui n'est jamais en contradiction avec elle-même.

Bonaparte fut également témoin du 10 août. Il était ce jour-là à l'hôtel Longueville, chez M. Fauvelet, frère de Bourrienne, qui avait établi une salle de vente de meubles. Il manifesta la même indignation que le 20 juin. Sept ans après, le jour même où il prit possession en souverain du palais des Tuileries, comme il se promenait dans la galerie de Diane avec son secrétaire, tout-à-coup il s'arrête, ouvre une croisée, et désignant les fenêtres de M. Fauvelet : « Voilà, dit-il, » d'où j'ai vu assiéger les Tuileries.... Qu'ils y » viennent ! »

Après le 10 août, Bonaparte retourna pour la première fois en Corse, d'où il ne revint qu'en 1793. Malgré quelques particularités assez caractéristiques qui se rapportent à son séjour dans son île natale, nous passerons légèrement sur cet épisode de la vie de Napoléon. Nous dirons seulement que sa famille et lui surtout, indignés de la trahison de Paoli, son ancien ami, qui venait de souiller son vieux patriotisme en voulant livrer la Corse aux Anglais, furent poursuivis, persécutés par le parti anglais, alors dominant, et que cette circonstance de sa vie n'est peut-être pas demeurée

étrangère à ce qui devint par la suite et demeurera
éternellement dans l'histoire comme le plus beau
titre de Napoléon à l'amour et à la reconaissance
de la France, la constance de sa haine contre
l'Angleterre.

Maintenant nous allons faire connaître la com-
position de la famille de Napoléon quand le vent
de l'adversité la contraignit à chercher un refuge
sur la terre de France, alors battue par l'orage
révolutionnaire. La mère de Napoléon avait huit
enfants venus au monde dans l'ordre suivant :
Joseph, Napoléon, Élisa, Lucien, Louis, Pauline,
Jérôme, Annonciade-Caroline.

Joseph épousa à Marseille mademoiselle Clary,
fille d'un riche négociant et sœur de la reine de
Suède actuelle. — Napoléon, comme on le sait, eut
deux femmes, l'une à jamais regrettable, mademoiselle de Tascher, veuve du vicomte de Beauharnais, mort sur l'échafaud pendant la révolution;
l'autre, cette fatale archiduchesse d'Autriche dont
on n'enregistre le nom qu'avec répugnance. —
Élisa devint madame Bacciocchi. — Deux fois ma-
rié, comme son frere, Lucien épousa en premières
noces la fille d'un maître d'hôtel garni provençal,
et en secondes noces la femme divorcée d'un
agent de change du nom de Joubertou. — Louis

devint le beau-fils de son frère Napoléon, par son mariage avec Hortense de Beauharnais. — Pauline, veuve de son premier mari le général Leclerc, épousa le prince Camille Borghèse, arrière petit-neveu du pape Paul V. — Jérôme eut aussi deux femmes, mademoiselle Patterson, qu'il avait épousée sans le consentement de son frère, qui fit rompre son mariage, et ensuite la princesse Cathérine de Wurtemberg. — Annonciade-Caroline fut mariée à Murat au commencement du Consulat. — En outre, madame Bonaparte la mère avait un frère utérin qui fut le cardinal Fesch.

Nous avons cru devoir placer ici ce tableau de famille en raccourci, pour que le lecteur connaisse d'avance ces personnages dont nous ne nous proposons d'ailleurs de nous occuper que comme autant de questions très-secondaires et qui ne doivent nous intéresser qu'en tant qu'elles se rattacheront nécessairement à la grande question de Napoléon.

Peu après son retour en France, Bonaparte, encore capitaine d'artillerie, obtint le grade de chef de bataillon, et reçut le commandement de son arme au siége de Toulon, dont les Anglais s'étaient emparés. Le siége de Toulon fut le premier de ces grands faits d'armes qui l'attendaient

échelonnés sur tant de champs de bataille, et le
premier qui révéla au monde l'existence d'un
grand homme de guerre, car le chef de bataillon
d'artillerie, par sa bravoure, son sang-froid et ses
savantes dispositions, contribua bien plus puissamment à la reprise du port et de la ville que
les généraux et les représentants du peuple auxquels la Convention avait confié la direction du
siége. Dans ce premier pas fait sur la route-de
la gloire, il eut à combattre, non-seulement l'ennemi sur la brèche, mais en outre l'impéritie des
chefs dans le conseil. L'imbécillité a illustré le
nom du général Cartaux : c'est une illustration
comme une autre. Il faut excepter le vieux général Dumerbion, auquel Bonaparte, devenu général en chef de l'armée d'Italie, se plut à rendre
justice et dont il reconnut le mérite.

On sait que ce fut au siége de Toulon que Bonaparte rencontra Junot, alors simple sergent.
Personne n'ignore la bravoure et l'intelligence
dont Junot fit preuve, ni son mot pendant qu'il
écrivait sous la dictée de Bonaparte, lorsqu'un
boulet fit voler de la terre sur son papier : « Je
» n'ai pas besoin de chercher de la poudre. » Ces
faits sont si connus que nous devons nous borner à les rappeler succinctement. Pour prix de

l'immense service qu'il venait de rendre à la République, Bonaparte fut élevé au grade de général de brigade, et prit avec lui Junot comme aide-de-camp. En butte presqu'aussitôt à des dénonciations calomnieuses inspirées par les jalousies des représentants du peuple Albitte et Salicetti, parce qu'il avait eu quelques relations avec Robespierre le jeune, on l'accusa d'appartenir au parti qui venait de succomber au 9 thermidor. Quand on lit l'histoire de ce temps, il ne faut point perdre de vue que Robespierre et les siens ne furent pas renversés à cause de leurs excès révolutionnaires, mais bien au contraire parce que ceux de leurs collègues, tels que Talien et consorts, qui les dépassaient, qui érigeaient un mamelon au-dessus de la Montagne, ne les trouvaient plus assez révolutionnaires. Au cri de la France, leur dessein avorta, et l'opinion leur fit honneur d'une justice qu'ils auraient méritée eux-mêmes.

Long-temps le général Bonaparte resta dans une inaction forcée. Contraint de ronger son frein, l'activité de son caractère le brûlait. Il souffrait, mais sans dénoncer ses ennemis, pas plus qu'à Brienne il n'avait dénoncé ses camarades de collège. Cependant dans un opuscule devenu célèbre sous le nom du *Souper de Beau-caire*, dialogue entre un Nîmois, un militaire et un Marseillais, il épancha la générosité de sa bile, et s'éleva à cette hauteur de vues dont il est si rarement descendu depuis. Rayé du tableau des officiers généraux de l'armée, il revint à Paris pour y solliciter sa réintégration dans son grade. Il ne possédait rien, et sa famille, pauvre comme le sont les familles exilées, ne pouvait rien pour lui. Il resta fier sous les coups de la fortune comme l'aigle qui regarde la tempête.

A propos de la destitution prononcée alors contre le général Bonaparte, n'est-ce pas une des choses les plus bizarres qu'elle ait été signée par ce même Cambacérès, destiné à devenir son collègue au Consulat et prince archi-chancelier de l'Empire?

Voilà donc Napoléon à Paris, et faisant le sot métier de solliciteur. A cette occasion nous citerons une de ces anecdotes vierges qu'il est si rare maintenant de trouver dans une vie tant exploitée. Comme il suivait assez assidûment les séances de l'Assemblée, il connaissait de vue un grand nombre de représentants. Ayant appris que Henri Larivière, homme de talent et de conscience, faisait partie du comité de la guerre, il l'aborda un jour sur la terrasse des Feuillants, et déjà commençait à lui exposer ses griefs, quand vint à passer Boissy-d'Anglas, président de la Convention. Celui-ci appela Henri Larivière à l'écart, et lui dit : « Citoyen collègue, tu ne sais » donc pas avec qui tu parles là ? — Ma foi, » non ; pas encore : il a à se plaindre, je l'écoute. » — Mais tu ne pourras jamais t'en dépétrer. » C'est bien le plus insupportable bavard qu'il y » ait au monde ; c'est le petit général Bona- » parte. » Malgré cet avertissement, Henri Larivière revint écouter les doléances du solliciteur, et contribua par la suite à faire remettre le général Bonaparte en activité. Henri Larivière fut déporté au 18 fructidor, et l'*insupportable bavard*, devenu empereur, nomma Boissy-d'Anglas comte de l'Empire, et l'un des vice-présidents du Sénat.

Un fait peut donner une idée de l'excès de détresse auquel était réduit le général Bonaparte ; Henri Larivière lui prêta deux écus de six livres qui ne lui furent jamais rendus. Hâtons-nous d'ajouter qu'une des premières choses que fit Bonaparte, qui n'oubliait jamais rien, fut, après le 18 brumaire, de faire parvenir une lettre à Henri Larivière, alors à Londres, pour l'engager à re-

venir en France, où il entrerait au Conseil-d'É-
tat. L'ex-représentant du peuple, attaché au
parti royaliste, refusa, et ne rentra en France
qu'en 1814.

Avant son voyage en Corse, si Napoléon n'a-
vait pas quitté le continent, il n'était pas non
plus resté constamment à Paris. Nous aurions
dû parler plus tôt de son séjour à Valence, où il
resta près de deux ans en garnison, étant alors
capitaine ; mais cette fois encore, nous avons
voulu nous réserver la possibilité de rapprocher
deux circonstances analogues, en ne séparant pas
l'oisiveté studieuse de Valence de l'oisiveté occupée du général en disgrâce à Paris.

A Valence, admis presque comme un troisième
fils dans la famille Boula du Colombier, ce fut
dans cette maison, où il y avait une excellente
bibliothèque, que Bonaparte orna sa mémoire de
tant de connaissances variées, qui, passées au
creuset de son jugement, le rendirent supérieur
à tous dans toutes les discussions et sur toutes
les matières. A son insu, il faisait provision de
lumières pour la présidence du Conseil-d'État et
la dictée de son admirable Code civil. Il était à
Valence quand éclata la révolution. Des deux
fils de madame Boula du Colombier, l'aîné émi-

gra ; l'autre ne quitta point la France , et fut nommé préfet au commencement du Consulat. Là encore on peut voir les causes de l'animadversion de Napoléon envers les émigrés , comme la trahison de Paoli lui avait inspiré la haine des Anglais , comme il avait puisé dans les troubles de la Corse , dont ses yeux d'enfant avaient été témoins , cette profonde horreur que lui causait la seule idée d'une guerre civile , et qui ne cessa qu'avec sa vie. Dans l'état de pénurie où nous l'avons laissé tout à l'heure à Paris, il aima mieux rester sans emploi que d'accepter un commandement dans la Vendée.

L'amour de la patrie était déjà chez Napoléon le sentiment qui dominait tous les autres ; cependant, à Valence, il conçut une vive passion pour la fille de madame Boula du Colombier, qui était une jeune personne charmante. Tous les deux s'aimaient , mais la morgue du frère aîné fit rejeter la proposition d'un mariage *disproportionné*. On dit même qu'il y eut un projet de duel ; mais le départ du fils aîné et celui de Napoléon mirent fin à cette incartade qui eût pu replonger un grand homme dans les limbes de l'oubli. Quoi qu'il en soit, Napoléon garda rancune à son dédaigneux adversaire ; ce ne fut même que fort

tard sous l'Empire qu'il consentit à lui permettre
de rentrer en France, où il ne put obtenir de service. Sa sœur, devenue madame de Brescieux
peu après que le capitaine Bonaparte eut quitté
Valence, fut une des premières dames appelées à
former la maison de l'impératrice Joséphine, et
l'on ne saurait se figurer les égards, les respects
même dont Napoléon empereur ne cessa de l'entourer, sans jamais lui dire un mot de leurs anciennes amours.

Revenons actuellement à Paris où la Convention nationale avait modifié le gouvernement en
promulguant ce que l'on a appelé la constitution
de l'an III. Elle fut adoptée le 22 août 1795, et
tout aussitôt après on prévit une catastrophe qui
éclata le 13 vendémiaire. Plusieurs sections,
entre autres celles de Lepelletier et du Théâtre
Français, étaient agitées par des rumeurs où
dominaient l'esprit royaliste ou contre-révolu-
tionnaire. A leur tête était un petit général du
nom de Danican. L'honneur d'avoir été battu
par Bonaparte a sauvé son nom de l'oubli.

Le 13, à cinq heures du matin, la Convention
conféra à Barras, l'un de ses membres, le commandement en chef de l'armée de l'intérieur, et
nomma Bonaparte commandant en second. On

sait le résultat de cette journée dont le récit cir-
constancié existe dans une note autographe de
Napoléon. Les sections révoltées contre la Convention furent refoulées, mitraillées et désarmées
le lendemain. Le succès, nous n'oserions dire
l'honneur de cette journée, appartint tout entier
à Bonaparte et au plan de défense qu'il avait pour
ainsi dire improvisé.

Disons un mot de cette journée qui semblerait
au premier aperçu en contradiction avec ce que
nous avons dit de l'horreur de Bonaparte pour
les guerres civiles, ou plutôt reproduisons une
partie de l'explication qu'il donna de sa conduite
en cette circonstance à Sainte-Hélène. « Si la
» Convention succombe, se dit-il, que deviennent
» les grandes vérités de la révolution? Nos nom-
» breuses victoires, notre sang si souvent versé
» ne sont plus que des actions honteuses. L'étran-
» ger, que nous avons tant vaincu, nous accable
» de son mépris... Ainsi la défaite de la Conven-
» tion ceindrait le front de l'étranger et scellerait
» la honte et l'esclavage de la patrie. »

Il fallut à Napoléon le concours de ces puissants motifs pour le déterminer à accepter la
mission qui lui fut confiée. Cependant il y a encore des puritains qui lui reprochent d'avoir *fait*

tirer sur le peuple au 13 vendémiaire. A cela on pourrait objecter que ce n'est pas toujours *tirer sur le peuple* que de dissiper par la force des factieux descendus sur la place publique pour y prendre l'offensive et compromettre l'existence de tout un peuple par le renversement fortuit de son gouvernement. Napoléon défendit la Convention le 13 vendémiaire, comme nous avons vu qu'il aurait défendu Louis XVI le 20 juin et le 10 août, s'il eût été chargé alors de la défense des Tuileries. Il y a cela de remarquable, que, dans les deux révolutions accomplies par Napoléon au 18 brumaire et au 20 mars 1815, il ne fut pas versé une seule goutte de sang ; c'est que dans ces deux graves circonstances il ne fit qu'interpréter le vœu populaire.

II.

Du 13 vendémiaire au 18 brumaire.

Peu de jours avant le 13 vendémiaire, Bonaparte écrivait à un de ses amis : « Cherche *un » petit bien* dans la belle vallée de l'Yonne, je l'a- » chèterai dès que j'aurai de l'argent. Je veux

» m'y retirer ; mais n'oublie pas que je ne veux » pas *de bien national.* » Dans tout le cours de sa vie, jusqu'au temps de ses grandeurs, Napoléon ne cessa jamais de manifester le désir de devenir propriétaire, mais avec très peu d'ambition de fortune ; la clause par laquelle il exclut *un bien national* prouve d'ailleurs quel était son respect pour le droit de propriété. Le 13 vendémiaire changea sa fortune et ouvrit des voies plus larges à l'accomplissement de sa destinée ; cependant il n'avait pas d'argent, ainsi qu'on le verra tout à l'heure.

Maintenant, nous touchons à l'époque où Napoléon, dans l'espace de quatre ans, révéla au monde le plus grand capitaine des temps modernes et l'homme de génie qui non-seulement sut vaincre, mais organiser la victoire et lui faire produire le plus doux de ses fruits, la paix, tant aimée des peuples, et qui jette un si magnifique reflet sur les triomphes qui l'ont assurée ; nous aurons à le suivre dans ses campagnes d'Italie et d'Égypte, à énumérer les faits les plus saillants parmi tant de hauts faits d'armes qui semblent dépasser les proportions humaines. Toutefois, il convient auparavant, afin de ne rien laisser derrière nous, de bien indiquer la position sociale de Bonaparte pendant le temps qui précéda sa nomination au commandement en chef de l'armée d'Italie, et quelle modification y apporta son mariage avec madame de Beauharnais.

Depuis quelque temps, Bonaparte allait beaucoup plus dans le monde qu'auparavant, quand la journée du 13 vendémiaire vint attirer tous les yeux sur lui. Il fréquentait les salons de Barras, composés d'un singulier mélange des vices de l'ancien régime et de l'effronterie *sansculotide*. Des femmes sans mœurs y étalaient leurs charmes à peine voilés, comme dans un encan public de débauche. Ce spectacle dégoûtait le jeune général qui rejetait avec mépris les avances de ces femmes, même des plus belles et des plus considérables. Là commencèrent son inimitié envers madame de Staël et la haine que lui voua cette femme dédaignée. Il est à remarquer que Napoléon a toujours compté les femmes laides dans les rangs de ses ennemis. A ce monde du Luxembourg il préférait les spectacles et l'intimité de Talma, avec lequel il était lié depuis plusieurs années, et qui, plus d'une fois, l'avait fait entrer *gratis* au théâtre de la République, comme on appelait alors la Comédie-Française.

Madame de Beauharnais allait, il faut le dire,

chez Barras, et la malveillance a même répandu
à ce sujet des bruits que nous croyons calomnieux..
Coquette, légère, au moins en apparence, mais
douée du caractère le meilleur, le plus bienveil-
lant, d'un esprit fin et passablement cultivé,
joignant à une beauté encore dans son éclat la
séduisante souplesse des femmes créoles, le général Bonaparte la vit et elle lui plut. La manière
dont ils se rencontrèrent pour la première fois
mérite d'être citée, car ce ne fut pas au Directoire. Le fils de Joséphine, Eugène de Beauharnais, l'homme le plus pur et le plus héroïque de
l'Empire après l'empereur, était alors un très-
jeune homme. Le général Bonaparte lui ayant
fait rendre, à sa sollicitation, l'épée qui avait
appartenu à son père, sa mère crut devoir accompagner Eugène dans une visite de remercie-
ments, et la visite fut rendue. De là le commencement d'une liaison qui finit par un très-prochain
mariage auquel contribua l'influence de Barras,
et qui valut à Bonaparte le commandement général de l'armée d'Italie.

Si les conseils d'un notaire de Paris, Raguideau, chargé alors des intérêts de madame de
Beauharnais, eussent été écoutés, la demande
de Napoléon eût été rejetée comme l'avait été

celle de Valence par la vanité d'un gentilhomme.
Faisant la cour à sa future, dont il était éperdu-
ment amoureux, il la quittait le moins possible
et l'accompagnait dans ses courses. Un jour, ils
entrèrent chez Raguideau, rue Saint-Honoré,
près la place Vendôme. Madame de Beauharnais
passa dans le cabinet du notaire, et Bonaparte
l'attendit dans l'étude. Madame de Beauharnais
venait faire part de son mariage à Raguideau,
qui fit tous ses efforts pour l'en dissuader, et
éleva la voix assez haut pour que le général en-
tendît ces mots : « Vous allez, je vous le dis,
» faire une sottise ; vous épousez un homme qui
» n'a que *la cape et l'épée.* » Quand madame de
Beauharnais vint rejoindre Bonaparte, il ne
souffla pas un mot de ce qu'il avait entendu, et
nul ne soupçonnait qu'il eût recueilli le propos
de Raguideau, quand, le jour même du couronnement, l'empereur l'envoya chercher. Ayant
revêtu le manteau impérial et ceint son front de
la couronne d'or, il lui dit en souriant : « Eh
» bien ! M. Raguideau, n'ai-je que *la cape et*
» *l'épée ?* »

L'acte civil du mariage de Napoléon avec
madame veuve de Beauharnais fut dressé à la
mairie du deuxième arrondissement par M. Le-

clercq, officier de l'état public, le 9 mars 1796.
Les quatre témoins furent Tallien et Barras, pour
madame de Beauharnais, et pour Napoléon, Le-
marrois jeune, son aide-de-camp, et M. Calmelet,
qui fut plus tard une des lumières du Conseil-
d'État. Douze jours après, c'est-à-dire le 21 mars,
Bonaparte quitta Paris. Il y aurait de curieux
rapprochements à faire entre les circonstances où
il se trouva chaque fois qu'il entra dans la capitale ou qu'il en sortit, depuis l'arrivée de l'écolier
de neuf ans jusqu'au dernier départ pour Sainte-
Hélène ; nous nous contentons de les indiquer à
qui voudra les faire.

Madame Bonaparte ne suivit point son mari.
Ainsi que nous l'avons dit, le général était sans
argent. La dépréciation des assignats et la rareté
du numéraire étaient telles que ce fut Talma qui
suppléa à ce que ne pouvait faire la caisse du Directoire. A grande peine, en engageant son crédit
et ce qu'il possédait, Talma parvint à réaliser
deux mille louis en or, et ce fut avec cette somme
que Napoléon alla se placer à la tête de son armée.
Il en avait grand besoin, car la solde était ar-
riérée, les troupes sans vivres, sans vêtements ,
sans chaussures ; la misère du soldat était commune aux officiers, et l'on vit des généraux heu-

reux de recevoir quelques louis d'or de la main
qui plus tard dispensa des dotations, des principautés, des royaumes. Talma ne parla jamais de
ce prêt, qui ne lui fut jamais rendu, tant qu'a
vécu l'empereur; si, du reste, Napoléon ne voulut pas rappeler le souvenir d'une obligation en
acquittant une dette, le grand acteur fut ample-
ment dédommagé.

On sait comment cette armée d'Italie, si déla-
brée, si souffrante, devint comme par enchantement une armée de héros sous les yeux de son
jeune chef. Napoléon n'avait que vingt-six ans et
neuf mois. On connaît trop cette première campagne de miracles pour que nous répétions ce
que nul n'ignore, ces combats de tous les jours,
à Millesimo, à Arcole, à Lodi, et qui amenèrent
en si peu de temps la signature, à Leoben et à
Campo-Formio, des préliminaires de la paix.
Toutes ces merveilles, où la vérité a bien plus
l'air de la fable que dans les plus belles conquêtes
de Louis XIV, sont résumées dans une inscription sans pareille dans les annales de la gloire,
inscription placée sur un drapeau que l'on appela
LE DRAPEAU DE L'ARMÉE D'ITALIE, envoyé au
Directoire. On y lisait :

« Cent cinquante mille prisonniers — 170 dra-

» peaux — 550 pièces de canon — 600 pièces de
» campagne — 5 équipages de pont — 9 vais-
» seaux de 64 canons — 12 frégates de 32 — 12
» corvettes — 18 galères — Armistice avec le roi
» de Sardaigne — Convention avec Gênes — Ar-
» mistice avec le duc de Parme — Armistice avec
» le roi de Naples — Armistice avec le Pape —
» Préliminaires de Leoben — Convention de Mon-
» tebello avec la république de Gênes — Traité
» de paix avec l'empereur à Campo-Formio.

» Donné la liberté aux peuples de Bologne,
» Ferrare, Modène, Massa-Carrara, de la Ro-
» magne, de la Lombardie, de Brescia, de Ber-
» game, de Mantoue, de Crème, d'une partie du
» Véronnais, de Chiavène, Bormio, de la Valte-
» line ; au peuple de Gênes, aux fiefs impériaux,
» aux peuples des départements de Corcyre, de la
» mer Égée et d'Ithaque.

» Envoyé à Paris tous les chefs-d'œuvre de
» Michel-Ange, du Guerchin, du Titien, de Paul-
» Véronèse, Corrège, Albane, les Carrache, Ra-
» phaël et Léonard de Vinci. »

Voilà certainement une éloquente manière
d'écrire l'histoire quand aucun des faits n'est
contestable ; nous ne connaissons point de développements historiques dignes d'entrer en paral-

lèle avec un pareil résumé ; cependant, nous devons revenir sur quelques particularités qui nous
aideront à suivre le développement du caractère
de Napoléon et la marche toujours ascendante
de son génie. Il ne faut pas le séparer des intrigues ourdies autour de lui et contre lui, des tentatives de séduction qui vinrent se briser contre
sa droiture ; il faut tenir compte surtout des jalousies du Directoire, qui ne tarda pas à s'ef-
frayer de son œuvre quand il vit que le général
en chef de l'armée d'Italie s'était fait si grand et
absorbait presque exclusivement l'attention du
monde. C'est qu'à la vérité, Bonaparte agissait
autant en souverain qu'en général d'armée, et
que souvent il éludait les instructions qu'il recevait du Directoire ; une fois, par exemple, il
garda vingt et un jours ses dépêches sans les déca-
cheter. C'était une guerre incessante de tracasseries entre le quartier-général et le Luxembourg ;
mais, comme les directeurs étaient divisés entre
eux, les uns lui dévoilaient les machinations des
autres, tandis que M. de Talleyrand, dont la sagacité avait su lire dans l'avenir de Napoléon, le
tenait au courant de tout. Une chose irritait plus
encore le général en chef que les tergiversations
et les malveillances directoriales, c'étaient les dis-

cours prononcés dans les clubs et les propos des avocats; on censurait sa conduite, on critiquait ses opérations militaires, on redressait ses plans; on lui reprochait particulièrement de ne point conserver dans ses négociations les formules républicaines avec les plénipotentiaires de l'empereur d'Autriche; on aurait voulu qu'il dît : *le citoyen Cobentzel!* La plupart du temps il se contentait de hausser les épaules et marchait de l'avant; mais quelquefois, voyant l'opinion publique faussée sur son compte, sur celui de son armée, par l'acharnement de l'ignorance et de la sottise, son irascibilité l'emportait, et il s'écria un jour, tenant une carte d'Italie à la main : « Je crois, en vérité, que ces gens-là se figurent » que les rivières que nous franchissons, que les » montagnes qu'il nous faut gravir, ne sont » ni plus larges ni plus élevées que sur cette » carte. »

C'était surtout à Dumolard que s'en prenait Bonaparte, et, quand sa mauvaise humeur le dominait, il faisait du nom de cet avocat une appellation générale qu'il appliquait à tous les avocats : « Ce sont, disait-il, des Dumolard. » Il ne l'en fit pas moins tribun après le 18 brumaire.

Le Directoire mécontentait Napoléon pour des causes plus graves, en ne lui envoyant pas les renforts d'hommes qu'il demandait; non pas de l'argent, car c'était Bonaparte au contraire qui en envoyait au Directoire, si bien que l'on pourrait dire que l'armée d'Italie nourrissait l'armée d'Allemagne. D'autres fois on le tracassait par l'envoi de généraux qui n'avaient pas sa confiance ou qu'il soupçonnait d'être chargés d'épier sa conduite pour en rendre compte au Luxembourg. Mais il aurait fallu être bien habile pour mettre sa perspicacité en défaut. Clarke y échoua, et, à dater de ce moment, se dévoua au service de celui qui l'avait deviné. Bonaparte le chargea immédiatement d'une mission délicate, car il était dans le caractère de Napoléon de ne pas donner sa confiance à demi; chez lui l'oubli le plus complet était la conséquence immédiate d'un pardon. Il n'en voulut nullement à Clarke, qui d'ailleurs ne lui avait rien caché de ses instructions.

Pendant les triomphes de l'armée d'Italie, une nouvelle lutte s'engageait à Paris entre les partisans de la royauté et les républicains. Ces deux partis avaient des ramifications dans les provinces et jusque dans l'armée; à l'armée cependant les

royalistes étaient peu nombreux et ne se dé-
masquaient point. Bonaparte écrivait incessamment au Directoire pour l'engager à faire arrêter
les émigrés, à détruire l'influence des étrangers,
à faire briser les presses des journaux vendus à
l'Angleterre, les accusant d'être plus sangui-
naires que ne l'avaient été les feuilles publiées par
Marat. La conclusion de ses plaintes et de ses
conseils était de demander à être remplacé. On
affectait de vanter outre mesure les savantes combinaisons de Moreau sur le Rhin, et l'on fit tant
pour susciter la jalousie de Bonaparte, que l'on
finit par croire qu'il était en effet jaloux de Moreau. Ce sentiment n'a jamais existé en lui.

Bonaparte avait-il déjà une arrière-pensée de
gouvernement qui lui fût personnel! Rien ne le
prouve, mais il est permis de le supposer; ce qu'il
y a de certain, c'est qu'au mois d'août 1797, il
conçut le dessein de traverser les Alpes à la tête
de vingt-cinq mille hommes, et de marcher par
Lyon sur Paris. Carnot, en ayant été informé,
lui écrivit pour lui dire, sans plus d'explications,
« qu'on lui prêtait les projets les plus absurdes. »
La chose en resta là, car *la poire n'était pas mûre,*
pour nous servir ici d'une des expressions favorites
de Napoléon. Qu'on juge cependant de la légiti-

mité de ses mécontentements! Il avait vaincu avec un simulacre d'armée qu'il avait recréée; ses conquêtes enrichissaient la France; à sa voix, les divers États de l'Italie se changeaient en républiques alliées et soumises; il avait contraint le méticuleux cabinet de Vienne à entrer en négociations, mais ces négociations ne marchaient point au gré de ses désirs; elles étaient ralenties, sinon paralysées, par la marche incertaine et vacillante du Directoire. Le cabinet autrichien reculait toujours dans l'espoir d'un événement intérieur qui changerait la face des affaires. Cet événement ne se fit pas attendre, et il est de notoriété que le général en chef de l'armée d'Italie, fatigué d'une trop longue incertitude, y prêta les mains au moins par son influence. Cet événement fut le coup d'état du 18 fructidor. Augereau avait été préalablement envoyé à Paris par le général en chef, parce que celui-ci connaissait l'exagération des principes républicains d'Augereau.

Carnot et Barthélemy, évincés du Directoire et mis sur la liste des déportés le 18 fructidor, n'avaient pas signé une lettre adressée précédemment à Bonaparte par les trois autres directeurs, La Réveillère-Lépaux, Barras et Rewbell. Elle était écrite de la main de La Réveillère-Lépaux.

Dans cette lettre on lisait la phrase suivante: «Nous acceptons avec plaisir *toutes* les offres que vous nous faites pour venir au secours de la République. Cela coïncidait avec le dessein de marcher sur Paris à la tête de vingt-cinq mille hommes, ce que Carnot appelait *un bruit absurde.*

Douze jours après l'événement, Augereau écrivait de Paris au général en chef : « L'esprit pu- » blic gagne tous les jours, et promet, par la sa- » gesse des Français, un avenir heureux, et bannit » toute crainte de rechute, quoique le royalisme » n'ait pas perdu toute espérance. »

Dans le même temps Lavalette, ce fidèle ami de Napoléon, lui écrivait une lettre dans laquelle il lui rendait compte d'une conversation qu'il avait eue avec le représentant Lacuée. Nous cite- terons les paroles de Lacuée comme peignant à merveille la situation de Bonaparte au milieu des partis. Voici ces paroles remarquables : « Le » conseil des Cinq-Cents doit s'ajourner ; il ne » veut pas être le sénat d'un Tibère. Quant à » Bonaparte , qu'il n'espère pas jamais jouir ici » de ses travaux : il est craint par les puissances, » envié par les militaires , et *méconnu du peuple* » *indigne de l'apprécier.* La calomnie a préparé » ses poisons et l'en rendra victime. Je voudrais

» le savoir heureux ; je voudrais qu'il ne s'éloi-
» gnât pas des hautes destinées où son grand
» génie et la fortune l'appellent avec tant de
» constance. »

Lui-même, Napoléon, dans une lettre adressée
au Directoire, postérieurement au 18 fructidor,
inscrivait ces paroles remarquables : « Qu'im-
» porte que nous remportions des victoires, si
» nous sommes honnis dans notre patrie ! On
» peut dire de Paris ce que Cassius disait de
» Rome : — Qu'importe qu'on l'appelle reine,
» lorsqu'elle est sur les bords de la Seine l'es-
» clave de l'or de Pitt ! »

Quant à **M.** de Talleyrand, voici comment il
s'exprimait sur le 18 fructidor, dans une lettre
confidentielle adressée à Napoléon, à la même
date que la lettre d'Augereau : « Nous comptons
» répandre des écrits où il paraîtra clairement
» que les cours de Vienne et de Londres étaient
» d'accord tout-à-fait avec la faction qui vient
» d'être abattue chez nous. On verra à quel point
» les négociations des deux cours et les mouve-
» ments de l'intérieur allaient ensemble. Les
» membres de Clichy et le cabinet de l'empereur
» avaient pour objet commun et manifeste le ré-
» tablissement d'un roi en France et une paix

» honteuse par laquelle l'Italie devait être rendue
» à ses anciens maîtres. » Ainsi s'exprimait le
futur ministre de France au congrès de Vienne,
en 1815.

Le plus simple rapprochement de ces courtes
citations puisées à des sources authentiques suffit pour démontrer l'assentiment de Napoléon au
coup d'état du 18 fructidor. Comme c'est un
point de sa vie politique fort important et souvent controversé, nous avons cru devoir grou-
per des faits dont la concordance ne nous paraît
pas permettre le moindre doute. Maintenant
serait-il vrai que, dans sa prévoyance, il appuyait
en faveur du Directoire une violation faite à la
constitution de l'an III pour en arguer contre
lui quand la *poire serait mûre?* C'est une de ces
questions qu'il n'est donné à personne de trancher; nous cherchons la vérité, mais nous ne
lui substituons rien quand nous ne pouvons pas
la trouver. Cependant voici une anecdote dont
nous garantissons l'exactitude et qui pourrait
jeter quelque jour sur ce point litigieux.

Au commencement du siècle, parmi les femmes
les plus spirituelles on citait madame de Clermont-
Tonnerre. Bonaparte, nouvellement consul, aimait beaucoup sa conversation. Un jour, il l'a-

4.

borde, et, sans autre préambule, lui dit : « Ma-
» dame de Clermont-Tonnerre, qu'est-ce que vous
» pensez de moi ? Dites, je ne me fâcherai pas.
» — Ma foi, général, répondit-elle, je pense que
» vous ressemblez à ces architectes qui construi-
» sent un monument derrière un échafaudage et
» font tomber l'échafaudage quand le monument
» est achevé. » Napoléon la regarda fixement, et
lui dit d'un ton inspiré : « Madame, vous avez
» raison ; *je ne vis jamais que dans deux ans.* »
En faisant à une époque antérieure l'application
de ce mot caractéristique, on remarquerait que
deux ans séparèrent à peine le 18 fructidor du
18 brumaire.

Cependant ce même 18 fructidor, de quelque
manière qu'on veuille le considérer, soit comme
un jalon planté par Napoléon sur la route du pouvoir, soit seulement comme une violation faite à
la constitution, toujours est-il qu'après l'échec
reçu par le parti royaliste, les négociations reprirent une nouvelle activité ; peut-être était-ce
cela seulement que voulait Bonaparte. Ses conquêtes sans la paix ne lui semblaient que des
faits accomplis, mais sans traces. Aux approches
de la conclusion du traité, son activité incessante
frémissait de l'inaction dans laquelle il allait re-

tomber, quand il n'y aurait plus de guerre à faire sur le continent. D'accord avec lui, ses amis de Paris travaillaient à le faire entrer au Directoire, où bientôt sans doute il eût absorbé ses quatre collègues; mais pour être nommé directeur il fallait avoir trente ans, et le général Bonaparte n'en avait encore que vingt-huit. C'est à cette difficulté que Lacuée faisait allusion dans sa conversation avec Lavalette, que nous avons précédemment rapportée. Toutes les tentatives échouèrent malgré les brigues des frères de Napoléon, qui ne purent obtenir une dispense d'âge. Ce n'eût cependant pas été une infraction plus grave à la constitution que ne le fut le morcellement des Conseils et du Directoire lui-même, mais il y a des choses que l'on ne peut expliquer que par l'intervention de la destinée, de cette puissance occulte tantôt protectrice et tantôt marâtre que Napoléon avait le droit d'appeler son étoile. Il fallut donc qu'il attendît *deux ans*, mais ces deux années furent bien employées.

Au milieu de toutes les intrigues qui précédèrent la conclusion du traité de Campo-Formio, dont le sort de Venise présentait la plus grande difficulté, Bonaparte ne cessait pas de renouveler 'o ffre de sa démission, et toujours le Directoire persistait dans son refus. Bonaparte croyait que le Directoire le tenait éloigné de Paris parce qu'il avait deviné ses futurs desseins, et il lui en voulait d'une perspicacité qui n'était pas coutumière ; cette croyance redoublait le désir qu'il avait d'en finir.

Un de ces accidents vulgaires dont l'influence, à cause de leur simplicité même, échappe aux grands scrutateurs des événements, la neige, plus précoce que de coutume, à l'automne de 1797, avança la conclusion du traité et empêcha Bonaparte d'aller à Vienne dicter des conditions plus sévères que celles que l'on discutait encore. Le 13 octobre, à sept heures du matin, quoique le temps eût été très-beau la veille, en se mettant à sa fenètre il voit les monts couverts, et dit ce peu de mots : « Avant la mi-octobre, » quel pays ! Allons, il faut faire la paix. » Puis, s'étant habillé, il récapitula ainsi son état de situation et celui de son armée : « J'ai bien près » de quatre-vingt mille hommes effectifs ; je les » nourris, je les paie, mais je n'en aurai pas » soixante mille effectifs un jour de bataille ; je » la gagnerai, mais j'aurai en tués, blessés, pri- » sonniers, vingt mille hommes de moins : com- » ment résister à toutes les forces autrichiennes

» qui marcheront au secours de Vienne? Il faut
» plus d'un mois pour que les armées du Rhin
» me secondent, si elles sont en mesure , et dans
» quinze jours les neiges encombreront les routes
» et les passages. C'est fini , je fais la paix. Ve-
» nise paiera les frais de la guerre et la limite du
» Rhin. Le Directoire et les avocats diront ce
» qu'ils voudront. » Voilà sans doute un *bel
effet de neige!* la paix conclue et vingt mille
hommes sauvés. Pourquoi l'empereur Napoléon
n'eut-il pas le souvenir de cette neige le jour où,
quatorze ans plus tard, il entra à Moscou.

Trente-quatre jours après sa détermination
arrêtée, c'est-à-dire le 17 novembre, Bonaparte
quitta Milan pour se rendre à Paris, mais non
pas directement. Plus le moment approchait, plus
le Directoire redoutait sa présence et s'efforçait
de la retarder. Il lui fut enjoint d'aller présider
le congrès alors assemblé à Rastadt. Il traversa
la Suisse par Aix en Savoie, Berne et Bâle, et
partout, sur toute la route, comme s'il eût traversé la France, il fut salué des cris de *Vive
Bonaparte! Vive le pacificateur!* Cependant le
Directoire s'était ravisé , car, en arrivant à Rastadt, Bonaparte y trouva une lettre qui l'appelait à Paris. Il est digne de remarque qu'à cette

époque le secrétaire du général en chef n'avait pas encore pu obtenir sa radiation de la liste des émigrés. Un fait analogue à celui-ci appartient au gouvernement de juillet : il ne voulut pas reconnaître comme temps de service public le temps que **M.** de Bourrienne avait passé en qualité de secrétaire auprès du général en chef de l'armée d'Italie et de l'armée d'Égypte, attendu qu'il n'avait pas été au service de l'État, mais seulement d'*un simple particulier.*

Avant de parler de l'arrivée de Bonaparte à Paris, nous ne pouvons résister au désir de citer un fragment d'une lettre que nous avons trouvée par hasard dans un journal du mois de décembre 1797. Il est nécessaire d'en constater la date, car, à coup sûr, on pourrait la croire écrite depuis, à cause surtout de la singulière prophétie qui la termine. Elle est d'un particulier qui venait de voir pour la première fois Bonaparte à son passage en Suisse. On y lit : « J'ai vu avec un vif intérêt et une extrême attention cet homme extraordinaire, qui a fait de si grandes choses, et qui semble annoncer que sa carrière n'est pas terminée. Je l'ai trouvé fort ressemblant à son portrait, petit, mince, pâle, ayant l'air fatigué, mais non malade, comme on l'a dit. Il m'a paru qu'il écoutait avec plus de distraction que d'intérêt, et qu'il était plus occupé de ce qu'il pensait que de ce qu'on lui disait. Il y a beaucoup d'esprit dans sa physionomie. On y remarque un air de méditation habituelle qui ne révèle rien de ce qui se passe dans l'intérieur. Dans cette tête pensante, dans cette âme forte, *il est impossible de ne pas supposer quelques pensées hardies qui influeront sur les destinées de l'Europe.* »

L'accueil fait à Bonaparte par la population parisienne donna un vif démenti au dire de Lacuée, *que le peuple était indigne de lui.* Depuis ce moment, le peuple et lui pactisèrent ensemble, et s'unirent du lien que la mort a peut-être encore resserré au lieu de le détendre. Déjà madame Bonaparte possédait la fameuse petite maison de la rue Chantereine, qu'elle avait achetée de Talma, et ce ne fut pas le Directoire apparemment qui, pendant la nuit qui suivit l'arrivée du général, substitua au nom de rue Chantereine le nom de rue de la Victoire. Partout on se pressait sur son passage quand il était reconnu. Les salles de spectacle regorgeaient de spectateurs chaque fois qu'on pouvait y supposer sa présence. Mais il se dérobait à ces ovations. Le Directoire dissimula ses mécontentements jaloux sous l'apparat d'une brillante réception officielle au Luxembourg ; mais la cérémonie eut quelque chose de triste et de contraint, malgré le discours fleuri que prononça M. de Talleyrand en présentant le vainqueur au Directoire. Ce ministre renard poussa la flatterie jusqu'à citer le nom d'Ossian, pour lequel il connaissait la prédilection de Bonaparte. Dans sa réponse, ou plutôt dans son allocution aux directeurs, qu'il prononça d'une voix ferme en leur présentant le traité signé à Campo-Formio, Napoléon les félicita de ce que lui-même avait fait ou de ce qu'il se réservait de faire. « Vous êtes parvenus, leur dit-il, à organiser la » grande nation, dont le territoire n'est cir- » conscrit que parce que la nature en a posé elle- » même les limites. » Hélas ! pourquoi les a-t-il franchies ces limites posées par la nature ? Il termina en disant : « Lorsque le bonheur du peuple » *sera* assis sur les meilleures lois organiques, » l'Europe entière deviendra libre. » *Sera !* c'était au futur ; les malheureux directeurs ne s'en aperçurent seulement pas.

A cette cérémonie succéda une série de fêtes pour célébrer la gloire du vainqueur. Les poètes du temps n'entassèrent pas moins de lauriers dans leurs vers que Napoléon n'en avait moissonné sur les champs de bataille. Chénier composa un hymne que Méhul mit en musique, et l'Opéra donna *la Chute de Carthage*, ouvrage dont le titre ne fut malheureusement pas une prédiction, mais dont l'idée fut inspirée par la récente nomination de Bonaparte au commandement de l'armée d'Angleterre. Les deux Conseils, se piquant d'honneur, se cotisèrent aussi pour donner une fête au général dans la galerie du Louvre, décorée des trésors dus à ses conquêtes. Tout cela l'ennuyait au-delà de toute expression. La seule chose à laquelle il se montra réellement sensible fut sa nomination à l'Institut. Comme si tout ce qui le concerne devait porter un sceau extraordinaire, le premier, Bonaparte, ce que l'on n'a pas remarqué, remplaça dans ce corps savant un homme encore vivant. Il succéda en effet, dans la classe des sciences, à Carnot proscrit. A l'occasion de son élection, il écrivit à Camus, président, une lettre que nous citerons dans son entier, à cause de la conclusion que nous en voulons tirer.

« Citoyen président,

» Le suffrage des hommes distingués qui com-
» posent l'Institut m'honore.

» Je sens bien qu'avant d'être leur égal, je serai
» long-temps leur écolier.

» S'il était une manière plus expressive de leur
» faire connaître l'estime que j'ai pour eux , je
» m'en servirais.

» Les vraies conquêtes, les seules qui ne don-
» nent aucun regret, sont celles que l'on fait sur
» l'ignorance.

» L'occupation la plus honorable comme la plus
» utile pour les nations , c'est de contribuer à
» l'extension des idées humaines.

» La vraie puissance de la République fran-
» çaise doit consister désormais à ne pas per-
» mettre qu'il existe une seule idée nouvelle qui
» ne lui appartienne. **BONAPARTE.** »

Nous n'avons pas besoin de faire remarquer
l'adresse de cette lettre et particulièrement du
quatrième paragraphe écrit par le héros de l'Italie, dans l'enivrement de la victoire et quand toute
la France retentissait du bruit de ses conquêtes.
Cette lettre explique en outre pourquoi , dans la
campagne d'Égypte , où nous allons bientôt le
suivre , Bonaparte plaçait toujours son titre de
membre de l'Institut avant celui de général en
chef de l'armée.

Depuis long-temps les regards de Napoléon

s'étaient portés vers l'Orient ; déjà, avant sa nomination au commandement en chef de l'armée
d'Italie, il s'était occupé d'un plan d'expédition
sur Constantinople ; les distractions de la victoire
l'en avaient détourné, mais il y revenait quand
l'activité de son corps ne suffisait pas à l'activité
de son génie. A Paris il renouvela la tentative
déjà faite pour lui dans le but d'entrer au Directoire avec une dispense d'âge ; mais il échoua
comme la première fois. Ce fut alors que, ne
croyant pas à la possibilité d'une descente efficace
en Angleterre, il reporta sa pensée vers l'Orient.
Il disait, vers la fin du mois de janvier 1798, à
ses plus intimes confidents : « Je ne veux pas rester
» ici ; il n'y a rien à faire. Ils ne veulent entendre
» à rien. Je vois que si je reste je suis coulé dans
» peu. Tout s'use ici , je n'ai déjà plus de gloire ;
» cette petite Europe n'en fournit pas assez. Il
» faut aller en Orient : Toutes les grandes gloires
» viennent de là... L'armée d'Angleterre devien-
» dra l'armée d'Orient, je vais en Égypte. »

Ainsi fut définitivement résolue la campagne
d'Égypte. Toutefois, avant d'en tenter l'exécution , Bonaparte alla inspecter son armée d'Angleterre échelonnée sur les côtes du Nord. De retour à Paris, il s'occupa sérieusement de son grand

dessein. Il est à remarquer ici comment, avec l'impatience qui le poussait à l'accomplissement de ses projets, Napoléon ne s'y livrait qu'après les avoir mûris long-temps d'avance. Dès le mois d'août de l'année précédente, il écrivait à **M.** de Talleyrand : « Le temps n'est pas éloigné où » nous sentirons que, pour détruire véritablement » l'Angleterre, il faudra nous emparer de l'É- » gypte. » Ne trouve-t-on pas déjà ici le germe de la pensée qui dicta les décrets de Milan et de Berlin? Ce fut à l'Angleterre seule que Bonaparte et plus tard l'empereur firent la guerre ; Napoléon la poursuivait partout. L'Angleterre, proprement dite, n'est que le comptoir d'une immense maison de commerce dont la clientelle est répandue par tout le monde.

Avant de suivre Napoléon dans son expédition, nous dirons quelques mots de sa famille croissant en honneur, non pas selon son mérite à elle, mais au reflet de sa gloire. Nous avons dit que nous en parlerions avec sobriété, et cette déclaration exige que nous donnions les motifs de notre réserve. Dans nos convictions, que nous avons le droit de croire fondées, ce sont les frères et les sœurs de l'empereur qui ont le plus contribué à sa chute en la préparant par leurs intrigues,

long-temps même avant son avénement au pouvoir. A l'exception de Lucien, qui de son propre
mouvement fût peut-être devenu un littérateur
passable, et de Louis, doué d'un mérite vrai et
modeste, pas un seul ne se serait élevé au-dessus
d'une honnète médiocrité. Ils brillèrent, mais
seulement par réverbération; envieuses les unes des
autres, les sœurs de Napoléon se plaignaient de
n'être pas reines comme leur sœur Caroline, et ses
frères, sauf Louis et Lucien, se livraient à des dé-
bauches royales qui scandalisaient les peuples
auxquels ils furent infligés. Tous cependant
étaient d'accord sur un point qui consistait à
ourdir des trames contre Joséphine, à la rendre
suspecte à son mari, à chercher enfin par tous les
moyens possibles, à l'aide même de calomnies, à
amener Napoléon à se séparer de sa femme. Ils
y travaillèrent dix ans sans relâche avec un acharnement toujours croissant, et arrivèrent enfin à
leur but pour le malheur de la France et de Napoléon. Bonne, excellente, charitable comme son
mari, Joséphine appartenait à une famille distin-
guée ; sans être née sur le trône le peuple l'avait
adoptée comme un talisman favorable à Napoléon ; le peuple aussi sanctionna l'adoption que
fit Bonaparte des enfants de sa femme ; tous ceux

5.

qui connaissaient Eugène l'aimaient et l'estimaient, et la bienveillance générale environnait Hortense que l'on plaignait d'avoir été mariée contre son gré. Rien n'y fit. La famille de Bonaparte ne cessa point de poursuivre sa proie malgré le vœu bien connu du peuple. Le peuple leur fut bon à eux pour les enrichir, pour leur conquérir au prix de son sang des couronnes qu'ils ne surent pas porter, heureux même quand ils n'en tournèrent pas les piquants contre la France à laquelle ils devaient tout et pour laquelle ils n'ont jamais rien fait, sauf l'action méritoire de Lucien au 18 brumaire. Si donc il est vrai que les malheurs de Napoléon et de la France, qui ne faisaient qu'un, prirent leur source dans le divorce de Napoléon avec Joséphine ; si ce divorce, comme cela n'est pas douteux, fut l'œuvre de la famille de Napoléon, n'est-il pas évident que cette famille fut la cause réelle de sa chute et de tant de malheurs qui l'accompagnèrent. Sans elle Napoléon n'eût pas rompu le charme attaché à sa destinée par une alliance que nous ne savons comment caractériser, tant la femme qu'il honora de son choix s'en montra indigne. Ce que nous disons ici, le peuple le dit tout d'une voix, avec cet élan qui en fait la voix de Dieu, dès que la nouvelle du divorce se répandit comme un fatal pronostic dans la capitale et de là dans toute la France. Combien de fois depuis, quand une calamité vint frapper la France de stupeur, le peuple, dans les villes et les campagnes, le soldat, au feu de ses bivouacs, n'ont-ils pas répété : « Cela ne fût pas arrivé du temps de Joséphine ; » c'était elle qui lui portait bonheur. » Nuls hommes, à l'égal des membres de la famille de Napoléon, n'auraient eu besoin d'invoquer la protection de l'oubli, au lieu de colporter dans l'Europe des prétentions sans fondement et des titres que pas un seul d'entre eux n'a mérités. Nous ne sommes pas surpris que Napoléon ait souvent répété que sa famille lui donnait plus de peine à gouverner que son empire, et qu'on eût pu croire, à l'entendre, qu'il avait mangé l'héritage de leur père.

Napoléon, rien que Napoléon. Sa famille c'est le peuple français qu'il a tant aimé et avec l'aide duquel il a accompli de si grandes choses.

Nous sommes bien aises que cette pénible digression soit terminée. Nous pouvons maintenant revenir à l'expédition où, comme Pompée, Napoléon aura *le vent en poupe ainsi que sa fortune*. Au retour, nous passerons en revue quelques-

unes des gloires déjà grandies à l'ombre de la
sienne. Comme une pierre d'aimant communique
sa puissance attractive au fer qui l'a touchée, son
contact, son regard ajoutaient à la valeur des
plus valeureux.

Depuis plus d'un an le Directoire avait des vues
sur Malte, mais il ne contribua que par son assentiment aux plans, aux projets relatifs à l'expédition d'Égypte. Tout cela fut exclusivement
l'œuvre de Napoléon qui, d'ailleurs, n'avait fait
que remettre en vigueur un plan tracé déjà sous
le ministère Choiseul. Seulement le Directoire
transforma en arrêtés officiels les propositions du
général en chef. Ce fut à cette époque de sa vie
que Napoléon déploya la plus incroyable activité.
Il travaillait jour et nuit; sa puissance créatrice
organisa tout, là où il n'y avait presque rien ; son
projet était enveloppé d'un tel mystère, que La-
garde, secrétaire du Directoire, ne contresignait
aucun des arrêtés qui y avaient rapport. Bonaparte seul choisit les hommes qui durent l'accompagner, mais les directeurs, il faut le dire, ne se
refusaient à rien de ce qui pouvait accélérer son
départ, heureux de voir quitter le sol de la France
à un homme qui leur portait tant d'ombrage.
La seule chose qui importe aux titulaires d'un

gouvernement faible, c'est de conserver entre leurs mains un pouvoir dont on est toujours d'autant plus avide que l'on en est moins digne.

Le 12 avril 1798, fut créée l'armée d'Orient; le même jour, Bonaparte en reçut le commandement en chef. Un peu avant de partir il dit à un de ses officiers : « Nous resterons en Égypte peu » de mois ou six ans; tout dépend des événements. » Je coloniserai ce pays; je ferai venir des artistes, » des ouvriers de tout genre, des femmes, des » acteurs. Nous n'avons que vingt-neuf ans, nous » en aurons trente-cinq : ce n'est pas un âge; ces » six ans me suffisent, si tout me réussit, pour » aller dans l'Inde. » Il recommandait ensuite à ceux qui devaient l'accompagner de dire qu'ils se rendaient à Brest pour des affaires de famille; jamais en effet expédition ne fut tenue plus secrète, car la plupart même de ceux qui en firent partie s'embarquèrent sans savoir quel était le lieu de leur destination.

Napoléon quitta Paris le 3 mai; le 8 il était à Toulon, où il haranguait ses soldats. « Il y a *deux* » *ans*, leur disait-il, que je vins vous comman- » der. A cette époque vous étiez dans la rivière » de Gênes, dans la plus grande misère, man- » quant de tout, ayant sacrifié jusqu'à vos montres

» pour votre existence réciproque; je vous promis
» de faire cesser vos misères, je vous conduisis
» en Italie; là, tout vous fut accordé... Ne vous
» ai-je pas tenu parole? » — Oui! s'écria d'une
seule voix toute l'armée. — « Eh bien! reprit-il,
» apprenez que vous n'avez pas encore assez fait
» pour la patrie et que la patrie n'a pas encore
» assez fait pour vous. »

Quel retentissement ce mot de patrie avait dans
la bouche de Napoléon! Mais, comme Napoléon
n'était pas capucin, ainsi qu'il le disait lui-même,
il savait que l'empire de l'idéalité ne convient
qu'à de rares esprits enthousiastes, et que la gloire
ne perd rien à s'appuyer sur quelque chose de
solide; ainsi donc il promettait à ses soldats qu'à
leur retour chacun d'eux aurait de quoi acheter
six arpents de terre; du reste pas un mot sur le
but de l'expédition; seulement il excitait l'ardeur
et la curiosité de tous, en leur disant : « Je vais
» vous mener dans un pays où, par vos exploits
» futurs, vous surpasserez ceux qui étonnent
» aujourd'hui vos admirateurs, et rendrez à la
» patrie des services qu'elle a droit d'attendre
» d'une armée d'invincibles. » Napoléon consacra
la péroraison de sa harangue à l'éloge de la marine, recommanda à ses soldats de vivre en bonne

intelligence avec nos braves marins, et de se familiariser avec les manœuvres du bord. « Imitez » en cela les soldats romains, leur dit-il, qui su- » rent à la fois battre Carthage en plaine et les » Carthaginois sur leurs flottes. »

Se pourrait-on figurer quel effet durent produire dans les armées de terre et de mer ces paroles magiques vraies, mais énigmatiques? Napoléon empruntait déjà à l'Orient ce langage parabolique et hérissé d'images qui depuis lui resta toujours familier quand la passion l'anima. C'est avec un profond regret que nous n'avons point rapporté tant de harangues fameuses prononcées pendant les campagnes d'Italie, mais à elles seules elles auraient dépassé les bornes de notre volume, et d'ailleurs de qui ne sont-elles pas connues? Le souvenir s'en est perpétué dans les camps comme de glorieuses légendes et y vivra aussi long-temps que le souvenir de la redingote grise, du *Petit Caporal*, et du petit chapeau de Marengo, qui ont été plus durables peut-être que la couronne impériale. Nul capitaine n'a su enflammer ses soldats par la puissance de sa parole, au même degré que Napoléon.

L'amiral Brueys commandait l'escadre, sous les ordres du général en chef. Le 19 mai il mit à la voile, et le 10 juin il était devant Malte, dont Bonaparte s'empara pour ainsi dire en passant. Il ne faut pas s'étonner du temps que mit l'escadre à accomplir un trajet que l'on fait aujourd'hui en très-peu de jours ; la traversée était on ne peut plus aventureuse ; il fallait éviter la flotte anglaise aux ordres de Nelson dont les nombreux bâtiments croisaient dans la Méditerranée. Nelson fut trompé, Malte soumise à la République, et l'ordre de Malte détruit, ce qui fut un sacrifice aux idées républicaines et une faute. Napoléon arriva à Alexandrie dont Nelson bloquait encore le port trois jours auparavant. Que si d'ailleurs nous venons de dire que la destruction de l'ordre de Malte fut une faute, nous devons en donner la raison en peu de mots. L'ordre subsistant, l'influence de la France n'eût pas été moins grande à Malte, et l'Angleterre, n'ayant pas eu de prétexte pour s'en faire détenteur à perpétuité, Malte ne serait pas devenue le point de litige qui servit, quelques années après, de prétexte à la rupture de la paix d'Amiens. L'esprit de conquête est ennemi de l'esprit de durée et de conservation.

L'expédition d'Égypte, dans sa conception comme dans son exécution, ne ressemble à au-

cune autre expédition connue ; elle est plus antique que moderne, avec cette différence, toutefois, que les Romains allaient chercher à leur
insu la civilisation, le goût du luxe et des arts
en échange de la domination qu'ils infligeaient
aux peuples vaincus, tandis que le général Bonaparte reportait avec la conquête la civilisation
vers son antique berceau ; mais, à l'exemple des
Romains qui plaçaient tous les Dieux dans leur
Panthéon, il respecta toutes les croyances religieuses ; car, il faut bien le remarquer, Napoléon
ne fit jamais la guerre aux religions ni aux peuples ; il y eut des sauve-gardes pour les mosquées
du Prophète comme il y en avait eu en Italie
pour les églises du vrai Dieu. Partout les hommes ont entre eux quelque chose d'identique dont
les objets seuls varient à l'infini ; ce quelque chose
peut se traduire par ces deux mots : Croire et
avoir ; tout le reste est de détail.

A peine arrivé sur la côte d'Afrique, le général en chef fit procéder au débarquement, quoique le temps fût mauvais et le vent contraire.
Le général Menou, à la tête de sa division, débarqua le premier près de Marabou, à une lieue
et demie d'Alexandrie ; ensuite débarquèrent de
nuit Bonaparte et Kléber. Il était onze heures du

soir, et sur-le-champ on se dirigea vers Alexandrie. Aux premières lueurs du jour, on découvrit la colonne de Pompée d'où Kléber partit pour escalader la muraille, et, dans la matinée, l'armée française occupa Alexandrie, non sans quelque résistance, et après avoir éprouvé des pertes peu considérables.

L'armée était partie de Malte le 1er messidor; arrivée à Alexandrie le 13, elle en repartit le 19, et marcha sur le Caire avec cette rapidité qui doubla si souvent les forces dont Napoléon disposait et frappait l'ennemi d'étonnement. On pouvait dès lors lui appliquer ce que le vieux maréchal de Daun disait de Frédéric II : « Pour » le trouver, il faut que je le cherche toujours » où je crois qu'il n'est pas. »

Nous ne suivrons guère plus la marche de l'armée en Égypte que nous ne l'avons fait pour les guerres précédentes; c'est moins sur les champs de bataille que dans le développement de sa haute intelligence que nous cherchons Napoléon; dans ses gigantesques conceptions, il est *lui*, tout seul, en présence du peuple pour lequel il travaille, dont il rêve la gloire et le bonheur, qu'il associe toujours à sa pensée, tandis que dans les combats il a, si l'on peut

risquer cette expression , des aides de gloire.
Tout à l'heure il était la tête qui conçoit , maintenant il n'est plus que le bras puissant qui exé-
cute. Lui-même il fit plus d'une fois observer
que du temps de la chevalerie il n'eût peut-être
été qu'un très-médiocre guerrier, tant on eût pu
facilement lui faire perdre les étriers. Disons
cependant qu'en Égypte Bonaparte eut à combattre de vaillants ennemis , ces terribles mameloucks , depuis si long-temps la terreur et les
dominateurs des Arabes , obéissant alors à un
chef héroïque, Mourad-Bey, qui disputa long-
temps la victoire à l'impétuosité plus régulière de
la cavalerie de Murat et de l'armée française à la
journée des Pyramides. Ce fut au commencement
de cette journée qu'à la vue de ces gigantesques
monuments Napoléon prononça ces paroles inspirées et qui vivront aussi long-temps que les
pyramides elles-mêmes : « Soldats, du haut de
» ces monuments, quarante siècles vous contem-
» plent ! » La victoire était dans ce mot, comme
nous la retrouverons plus tard dans cet autre
mot : « C'est le soleil d'Austerlitz ! »

Napoléon ne dénigrait point ses ennemis, sans
toutefois les vanter outre mesure comme pour
augmenter la gloire du vainqueur par le rehaus-

sement du mérite du vaincu. Il leur rendait pleine justice ; aussi, dans ses premiers rapports au Directoire, signalait-il la bravoure des mameloucks. Plus tard, on l'a vu saluer un convoi de blessés et rendre ainsi hommage au courage malheureux. Il disait des mameloucks : « Un seul » d'entre eux vaut quatre de mes meilleurs cavaliers ; mais, en ligne, trois cents cavaliers » français triompheront de mille mameloucks. » Toujours, dans ses rapports, il citait la valeur de Mourad-Bey, chef intrépide des mameloucks.

S'il pouvait entrer dans nos vues de scruter la conduite de Napoléon en Égypte, nous trouverions deux ou trois occasions, une surtout, où notre conscience nous contraindrait à substituer le blâme à l'éloge. Napoléon ne fut pas juste dans ses appréciations de sir Sidney Smith. Sa haine envers l'Angleterre, haine que, pour notre part, nous n'avons pas cessé de nourrir dans toute sa vivacité, put cependant expliquer l'injustice du général en chef ; mais il n'en est pas de même de l'accusation dirigée contre un compatriote, contre un illustre marin, l'amiral Brueys, qui, comme on l'a vu, commandait l'escadre française, mais sous les ordres de Bonaparte. Nous sommes fâchés que le général en chef, après la mort glorieuse de Brueys dans la fatale journée d'Aboukir, ait rejeté sur ce brave marin le malheur de notre flotte détruite ; il y eut en effet malheur et non pas faute dans cet irréparable désastre que l'amiral avait prévu. Bonaparte ne pouvait pas en être accusé ; alors, à quoi bon reverser sur un homme mort glorieusement la fatalité d'un événement ? Nous n'hésitons point à nous exprimer avec cette franchise sur le compte de Napoléon lui-même ; ce que nous croyons la vérité nous semble au-dessus de toutes les renommées, de toutes les gloires et de la légitime admiration qu'elles inspirent.

A peine y avait-il un mois que Napoléon était arrivé en Égypte quand fut incendiée la flotte française. Il se trouva donc, sans moyens de retour, sur une terre inhospitalière. En vain, à son passage à Malte, il avait délivré les prisonniers turcs qu'il renvoya au grand seigneur, préludant par cet essai de générosité, qui lui réussit mal, à celui qui, deux ans après, réussit si bien au premier consul quand il renvoya sans rançon au czar Paul Ier ses troupes faites prisonnières en Hollande. La générosité était un sentiment inné chez Napoléon, mais soumis aux exigences de

6.

sa politique. Ce n'est point d'ailleurs à un pied
commun qu'il faut mesurer les hommes de sa
portée. Dans le vaste ensemble de leurs opérations, il ne faut blâmer qu'avec réserve des faits
isolés qui paraissent répréhensibles, et qui cependant produisent les plus heureux résultats. Il
faut bien se figurer, relativement à l'expédition
d'Égypte, que l'armée française trouva partout
des ennemis à combattre sans rencontrer dans les
populations aucune sympathie, malgré les sublimes proclamations de Bonaparte et les promesses
dont elles étaient empreintes. La révolte du
Caire, qui suivit de près l'occupation de cette
ville, en fut une preuve trop convaincante; le
rude châtiment qui suivit de près la révolte frappa
les esprits de terreur, mais ne rattacha personne
au gouvernement établi dans les parties de l'É-
gypte occupées par l'armée. Cependant, si l'on
considère les choses d'un point de vue plus élevé,
on voit dans l'expédition d'Égypte, telle que la
conçut et la dirigea Bonaparte, un de ces événements dont l'avenir seul fera mûrir les fruits.
Les désastres qui frappèrent alors l'Égypte furent des désastres que l'on serait tenté d'appeler
régénérateurs. Qui peut douter que, sans la des-
ruction des m ameloucks, auxquels l'Égypte était

inféodée, la vieille terre des Pharaons serait encore aujourd'hui plongée dans la barbarie où elle croupissait depuis tant de siècles? N'est-ce pas, en un mot, Napoléon qui engendra Méhémet-Ali? C'est ainsi, ce nous semble, qu'il convient d'apprécier l'expédition d'Égypte, et non pas en pesant un à un les faits qui s'y rattachent immédiatement.

La révolte du Caire apaisée, Napoléon songea à exécuter une autre expédition qu'il projetait en Syrie, et dans laquelle le succès manqua, mais non une ample moisson de gloire. Cet épisode de la campagne d'Égypte porte un cachet tout particulier, et rappellerait presque d'autres épisodes des croisades sans la différence des buts, et si la discipline n'eût été substituée au vagabondage héroïque de nos aïeux. Ce fut avant son départ pour Souëz que Bonaparte écrivit au plus illustre chef que les Anglais aient eu à combattre dans l'Inde, l'infortuné Tippoo-Saëb. Dans sa lettre en date du 25 janvier 1799, Napoléon lui disait : « Vous aurez déjà été instruit de mon ar-
» rivée sur les bords de la mer Rouge, avec une ar-
» mée innombrable et invincible, remplie du désir
» de vous délivrer du joug de fer de l'Angleterre. »
Nous citons ce fragment comme une preuve des

immenses projets qui tourmentaient l'esprit de
Napoléon , toujours dans le but de frapper l'Angleterre partout où il la trouverait vulnérable.
Pendant la campagne de Syrie, il écrivait à Kléber : « Si les Anglais continuent à inonder la
» Méditerranée , ils nous forceront peut-être à
» faire de plus grandes choses que nous ne vou-
» lions faire. »

Ce programme encore un peu énigmatique va
recevoir son explication. Pendant qu'il poursuivait les travaux du siége de Saint-Jean-d'Acre,
l'antique Ptolémaïs , voici dans quelle gigantesque rêverie Napoléon cherchait des distractions
à l'ennui que lui causaient les longueurs du siége :
« Cette misérable bicoque , dit-il un jour à celui
» qui était en ce moment le dépositaire de ses
» confidences, cette misérable bicoque m'a coûté
» bien du monde et pris bien du temps ; mais les
» choses sont trop avancées pour ne pas tenter
» un dernier effort. Si je réussis , comme je le
» crois , je trouverai dans la ville les trésors du
» pacha , et des armes pour trois cent mille hom-
» mes. Je soulève et j'arme toute la Syrie, qu'a tant
» indignée la férocité de Djezzar, dont vous avez
» vu que la population demandait à chaque assaut
» la chute à Dieu. Je marche sur Damas et Alep;

» je grossis mon armée, en avançant dans le
» pays, de tous les mécontents; *j'annonce au*
» *peuple l'abolition de la servitude* et des gouver-
» nements tyranniques des pachas. J'arrive à Con-
» stantinople avec des masses armées. Je renverse
» l'empire turc, je fonde dans l'Orient un nouvel
» et grand empire qui fixera ma place dans la
» postérité, et peut-être retournerai-je à Paris
» par Andrinople ou par Vienne après avoir
» anéanti la maison d'Autriche. »

Cette citation, amenée par le désir d'expliquer
les préoccupations de Bonaparte, indiquées dans
ses lettres à Tippoo-Saëb et à Kléber, nous a fait
franchir un intervalle de temps que nous ne voulions pas négliger; nous allons donc y revenir,
mais ce sera après avoir fait observer tout ce que
ce projet, malgré son immensité, a aujourd'hui
de jeune et d'actuel dans plusieurs de ses parties.
Tout le monde n'est-il pas frappé de cette vérité que la grande question d'Orient, qui occupe
tous les esprits, est là tout entière? que la Russie
s'efforce de recueillir l'héritage des hautes pensées de Napoléon, et que, du fond de son tombeau, il tient encore le sceptre du monde soumis
à la puissance de son génie. Toutefois, il ne paraît pas que ses imitateurs aient, comme l'avait

Bonaparte, le projet d'*annoncer au peuple l'a-bolition de la servitude*.

Pendant le temps qu'il resta au Caire, Bona-parte mit à exécution une partie de ses plans de colonisation. *Le membre de l'Institut* fonda l'In-stitut d'Égypte, dont la première séance eut lieu le 11 fructidor, la seconde et la troisième dans le même mois, et la quatrième et dernière le deuxième jour complémentaire. Les noms les plus illustres dans la science figurèrent dans cet institut. Parmi ces noms, nous citerons ceux de Monge et de Berthollet, de Costaz et de Say, de Dubois et de Breguet, de Dolomieu et de Pouque-ville, de Chabrol, alors presque enfant, et dont l'édilité à Paris fut marquée par tant de travaux utiles et d'embellissements dans la capitale. Ce dernier nom nous rappelle un fait peu connu, et que nous allons rapporter ici, dans la crainte qu'il ne nous échappe plus tard. Lorsqu'après la conspiration de Mallet, l'empereur remplaça Fro-chot à la préfecture de la Seine, il fit choix de M. de Chabrol. Cependant il le trouva si jeune, qu'il hésita d'abord. Lui ayant demandé son âge, M. de Chabrol eut la présence d'esprit de répondre : « Sire, j'ai six mois de plus que Votre » Majesté quand elle gagna la bataille de Marengo. »

Avant d'entreprendre la campagne d'Égypte, Bonaparte s'était créé une bibliothèque portative; il écrivit de sa main la nomenclature des livres dont elle devait se composer. Il la divisa en six parties, et dans l'ordre suivant : sciences et arts, géographie et voyages, histoire, poésie, romans, politique et morale. Nous regrettons de ne pouvoir, à cause de sa longueur, donner ici la liste des ouvrages qu'il désigna. Nous ferons seulement remarquer qu'Ossian fut inscrit le premier parmi les poètes, et Plutarque parmi les historiens. Frédéric II ne vint qu'en dernier. Peut-être sera-t-on surpris de voir au nombre des livres de sience *la Pluralité des Mondes*, de Fontenelle ; mais ce qu'il y a de plus caractéristique, c'est de voir les livres de religion des différents peuples, tels que le Vieux et le Nouveau Testament, le Coran, le Vedam et la Mythologie, compris dans la catégorie des livres *politiques*. Un seul livre purement politique y fut admis, *l'Esprit des Lois*, de Montesquieu.

Cette première note indicative fut écrite en France par le général en chef avant son départ. Il en existé une autre également autographe, dans laquelle, pour assurer l'exécution de son plan de colonisation, il marqua les objets qu'il voulait faire venir du continent. Après les munitions de guerre de toute nature et des vaisseaux pour remplacer la flotte détruite, vient une liste dont plusieurs articles nous semblent trop curieux pour que nous les omettions. Ainsi il inscrivit d'abord une troupe de comédiens et une troupe de balla-rines. Nous qui cherchons constamment à reconnaître dans Napoléon, à toutes les époques de sa vie, une certaine unité de pensées, ne sommes-nous pas autorisés à voir dans cette double *commande* le même esprit qui fit appeler tant de fois la Comédie française dans les résidences où séjourna l'empereur pendant ses grandes guerres? Cette liste même, écrite en Égypte, est-elle sans analogie avec le fameux règlement sur les théâtres, dicté à la lueur de l'incendie de Moskou? Bonaparte demandait en outre au moins trois ou quatre marchands de marionnettes *pour le peuple*, une centaine de femmes françaises, et que les femmes de tous ceux qui étaient employés dans les corps fussent envoyées en Égypte pour y rejoindre leurs maris. Rien n'était oublié dans la liste des choses d'une utilité matérielle, pas même du savon et de l'huile.

A propos des femmes françaises que Napoléon comprenait parmi les objets demandés en France, nous rappellerons ici, peut-être avec opportunité, que Bonaparte *n'était pas capucin*. Si nous écrivions pour les gens du monde, pour des esprits frivoles et amoureux de scandales, nous nous serions mis à l'affût pour découvrir jusqu'aux moindres particularités des aventures galantes de Bonaparte ; mais, selon nous, ce ne serait pas rendre à sa mémoire un hommage digne de lui et digne du grand peuple dont nous ambitionnons surtout le suffrage, que de scruter ces aventures de boudoirs, ces anecdotes graveleuses dont le règne des mauvaises mœurs a pour ainsi dire fait une partie intégrante de la gloire de Henri IV. Tout ce qu'il y avait à dire sur ce thème est connu, et ce n'est pas dans un pareil champ, convenablement exploité par des valets de chambre et des femmes de chambre, que nous essaierons de glaner. Napoléon, nul ne l'ignore, évita toujours le scandale ; aucune séduction forcée n'enleva une femme à son mari, une jeune fille à sa mère. Il aurait fallu qu'il fût plus qu'un homme pour résister toujours aux avances qui lui furent faites, pour ne pas accepter des amours *tout faits*. Ce qu'il y a de certain, et c'est tout ce qu'un peuple a le droit d'exiger d'un grand homme, c'est que jamais, dans aucune circon-

stance , la vertu ne fut immolée aux plaisirs de
Napoléon, jamais ces plaisirs ne coûtèrent une
obole à l'épargne publique, jamais enfin aucune
femme n'exerça la moindre influence sur les affaires. Il ne reprit pas cela de l'ancien régime.

Maintenant, sans déroger au plan que nous
venons d'indiquer, nous croyons pouvoir rappeler un des amours de Bonaparte en Égypte, le
seul dont ses historiens ont fait mention. Les généraux et les officiers de l'armée, quand ils
avaient de l'argent, ne se faisaient point faute
d'acheter des femmes dans les bazars, tout aussi
bien que les Musulmans les plus orthodoxes.
Vers la mi-septembre, Bonaparte fit venir dans
la maison d'Aly-Bey, qu'il occupait au Caire, une
demi-douzaine de femmes d'Asie ; on lui en avait
vanté la beauté, mais il les trouva si énormément
grasses, qu'il les renvoya presque immédiatement. Peu de jours après, il devint amoureux
d'une madame Fourès, femme d'un lieutenant
d'artillerie ; elle était très-jolie. Le général en
chef lui fit meubler une maison attenante à celle
d'Aly-Bey. Cette liaison devint tout aussitôt la
nouvelle du quartier général, et M. Fourès reçut
une mission pour la France. Le plaisant de l'a-
venture, c'est que l'infortuné mari ayant été cap-

turé par les Anglais, ceux-ci, informés de *son
cas* par des correspondances saisies, au lieu de
le retenir prisonnier, eurent la malice de le dé-
barquer en Égypte. Peut-être nous serions-nous
abstenu de noter ici cette aventure si nous n'a-
vions à ajouter que Bonaparte témoigna dès lors
le plus violent désir d'avoir un enfant à lui, que
n'ayant pu en avoir de madame Fourès, ils s'en
rejetaient réciproquement la faute. Pour nous,
ce qui nous frappe dans tout ceci, c'est le désir
immodéré d'avoir un enfant, désir qui fut,
comme on le sait, satisfait en 1811, mais qui
exerça une si fatale influence sur les destinées de
la France.

Napoléon aima Joséphine plus qu'aucune autre
femme. En Égypte, des propos indiscrets, attribués à une inconséquence de Junot, qui pourtant
lui était dévoué corps et âme, remua en lui ces
sentiments de jalousie communs à tous les hommes, et que le soleil du midi allume plus brûlants
encore parmi les Corses.

C'était à l'époque même où nous avons voulu
nous replacer, près des sources de Messoudia'h,
c'est-à-dire au commencement de l'expédition de
Syrie. Le mot de divorce fut alors prononcé pour
la première fois ; la fureur de Napoléon éclata

dans son langage hérissé de menaces. Cependant,
il finit par se calmer. A nous autres, que le sort
a placés loin de l'éclat des grandeurs, qui tâchons,
à force de bon sens usuel, de nous consoler de
n'avoir point de place au banquet du génie, ne
nous est-il pas doux de voir un grand homme se
rattacher à l'humanité par des faiblesses et des
chagrins qui sont les nôtres. Aux empereurs et
aux rois, tout aussi bien qu'aux gueux, appartient la besace où il faut porter les douleurs humaines. L'indiscrétion de Junot l'empêcha, a-t-
on dit, par la suite, d'être nommé maréchal d'empire. M. de Bourrienne l'affirme, et madame
d'Abrantès le nie. Le fait est que Junot ne fut
pas maréchal, et qu'il avait autant de titres à le
devenir que plusieurs de ses camarades, plus heureux ou moins indiscrets que lui.

Les points capitaux de l'expédition en Syrie
furent le siége de Saint-Jean-d'Acre, où commandait le farouche Djezzar, l'invasion de la peste
dans l'armée française, et la fameuse visite à l'hôpital des pestiférés de Jaffa. Il fallut lever le siége
après d'infructueuses attaques, après beaucoup
de temps perdu, quoiqu'une brèche pratiquée
eût permis à une centaine d'hommes de se précipiter dans la ville; mais les malheureux furent

perdus, faute de secours possibles : nous n'avions point de pièces de siége, les munitions manquaient, l'armée revint sur ses pas, et ce fut la première infidélité de la fortune envers Napoléon.

Deux événements malheureux se rattachent au nom de Jaffa ; l'un avant, l'autre après le siége de Saint-Jean-d'Acre. En allant, Duroc, aide-de-camp du général en chef, et Croisier, son collègue, cédant à un mouvement d'humanité, firent quatre mille prisonniers turcs qui devaient être passés par les armes. Le général en chef vit tout d'abord la difficulté de sa position. Impossible de renvoyer ces hommes sans exposer l'armée à des dangers imminents ; impossible de les nourrir, nos soldats ayant à peine des vivres. Un conseil fut convoqué. Après trois jours de délibérations, une implacable nécessité dicta la sentence, et ces quatre mille malheureux furent fusillés sur le bord de la mer. Nécessité affreuse, sans doute ! mais à la guerre, quand un général est acculé contre l'impossibilité d'assurer la sécurité des siens, quand une voix lui crie : *meurs ou tue*, quel est le premier de ses devoirs ?

Cette circonstance, nous l'avouerons, nous paraît beaucoup plus grave que ce qui se passa, au retour, à l'hôpital de Jaffa, quand même les bruits répandus sur l'emploi de moyens capables de faciliter la mort de quelques malheureux prêts à mourir de la peste, ne seraient pas des bruits calomnieux. Disons la vérité. On n'aurait pas autant parlé des pestiférés de Jaffa, si un magnifique tableau n'en eût pas perpétué le souvenir par une image incessamment placée sous nos yeux. Fallait-il exposer l'armée à la contagion en transportant ces débris humains? Fallait-il les exposer à périr massacrés par les Turcs? Nous n'osons nous prononcer; nous devons dire seulement que Bonaparte visita l'hôpital et toucha des pestiférés pour encourager l'armée. Desgenettes fit plus, il s'inocula la peste pour prouver qu'il était capable de la guérir et pour détruire par son exemple la terreur répandue par l'implacable fléau de l'Orient.

Au retour de Saint-Jean-d'Acre, l'ordre fut donné d'aller à pied, tous les chevaux étant nécessaires au transport des blessés, des malades et des munitions. Le général en chef ne s'excepta point et donna l'exemple. Pendant cette excursion l'armée eut à gémir sur la perte de Caffarelli, tué devant la ville assiégée, et de Croisier, ce brave aide-de-camp qui s'était prescrit de mourir pendant la campagne pour ne pas survivre à une réprimande sévère et peut-être imméritée de son général. Déjà Bonaparte avait eu à regretter un autre aide-de-camp , Sulkowski , intrépide Polonais que Napoléon eut en si haute estime qu'il dit en 1807 : « Si Sulkowski avait vécu, » j'aurais rétabli le royaume de Pologne. »

Une autre circonstance malheureuse se rapporte à l'époque où nous sommes parvenus. Les nouvelles de France n'arrivaient que rarement au quartier-général, tant était active la surveillance exercée par les croisières anglaises dans la Méditerranée; cependant quelques dépêches parvenaient à leur destination. Qu'on juge de la douleur, de l'indignation que dut ressentir Bonaparte quand il apprit que tout le fruit de ses belles conquêtes en Italie était perdu. De tant de miraculeux triomphes il ne restait plus que la gloire et le souvenir ; une armée russe , sous les ordres du maréchal Souwaroff, était descendue dans les plaines du Piémont et de la Lombardie, l'Autriche avait déchiré le traité de Campo-Formio. Pour ne point décourager l'armée, la victoire étant là seulement où il était, il entreprit de nouvelles expéditions, résolut de visiter en vainqueur la Haute-Égypte, mais bien certainement mûrissant en lui-même le dessein de revenir en Europe,

arracher la France à la honteuse tutelle du Directoire et ramener par sa présence la victoire sous
nos drapeaux.

Bonaparte partit pour les Pyramides le jour
anniversaire de la première fédération. Il était
informé que Murad-Bey descendait par le Fayoum,
probablement instruit de ce que Desaix, ce héros
surnommé par les Arabes *Sultan-le-Juste*, se
disposait à le poursuivre sur la frontière de Gyzeh,
et probablement aussi de la des ente que proje-
taient les Anglais sur la rade d'Aboukir, laquelle
fut effectuée peu de temps après. Le général en
chef en reçut la nouvelle par un Arabe envoyé
de Marmont qui commandait à Alexandrie. Aussitôt ses plans sont changés, et, selon sa coutume,
il se dirige sur le point menacé ou plutôt vers le
rivage où il doit s'embarquer pour la France.
Berthier seul et Bourrienne sont dans la confidence. Il fait appeler Gantheaume et lui ordonne
de préparer secrètement deux frégates, *la Muiron*
et *la Carrère*, et deux autres petits bâtiments
avec des vivres pour deux mois et pour quatre
ou cinq cents hommes. Rien ne transpira sur ce
projet ; cependant quelques rumeurs en furent
répandues au Caire. Le 19 août, Bonaparte écrit
au Divan pour lui annoncer qu'il part le lende-

main pour faire différentes tournées dans le Delta. Cinq jours après il était embarqué et voici ses adieux à l'armée :

« Les nouvelles d'Europe m'ont décidé à partir » pour la France. Je laisse le commandement de » l'armée au général Kléber ; l'armée aura bien- » tôt de mes nouvelles. Je ne peux pas en dire » davantage. Il m'en coûte de quitter des soldats » auxquels je suis le plus attaché. Mais ce ne sera » que momentanément, et le général que je leur » laisse a la confiance du gouvernement et la » mienne. »

Oui, certes, Napoléon aimait ses soldats d'É- gypte. Depuis, il désignait toujours, en les appe- lant *mes Egyptiens*, tous ceux qui l'avaient accompagné dans cette expédition, qu'ils appar- tinssent à l'ordre civil ou à l'ordre militaire. Si d'ailleurs les résultats de l'expédition d'Égypte ne furent pas immédiatement tels qu'il les avait présumés, c'est que la fortune a des secrets qu'elle ne dévoile pas toujours aux yeux du génie.

Maintenant quittons l'Égypte, embarquons- nous sur *la Muiron*, nom que Bonaparte avait donné à cette frégate comme un hommage rendu au souvenir d'un aide-de-camp tué en Italie. La traversée sera périlleuse ; il nous faudra longer

les côtes d'Afrique, manœuvrer avec prudence,
avoir incessamment les yeux fixés sur la vigie
pour éviter les flottes anglaises; nous les cou-
doierons, si l'on peut ainsi dire, mais elles seront
fascinées par la fortune de la France; leur acharnement sera aveugle, nous éviterons les dangers
de tous les jours, de tous les instants; nous verrons Bonaparte calme comme au milieu d'une
bataille; avec lui nous ferons une relâche de
quelques jours en Corse; puis, cinglant vers les
côtes de Provence, nous débarquerons au golfe
Juan, destiné à être témoin quinze ans plus tard
d'un autre débarquement plus miraculeux encore.

III.

Le Consulat.

« Napoléon, pour monter au faîte du pouvoir,
n'eut à détrôner que l'anarchie. » Ce mot, extrait
d'un discours prononcé par **M.** de Talleyrand
quatre ans après le 18 brumaire, peint parfaitement la situation de la France et celle de Bonaparte à son retour d'Égypte. Il fut reçu, non pas
par ce qu'on appelle officiellement *des populations*

empressées, mais par la masse du vrai peuple comme un libérateur. On lui a reproché de ne pas s'être soumis aux lois de la quarantaine ; mais il aurait donc fallu enchaîner au rivage ces myriades d'embarcations parties de tous les points de la côte qui s'élancèrent à sa rencontre pour se mettre en communication avec lui aussitôt que la nouvelle de son retour se fut répandue. Le peuple redoutait bien plus la peste directoriale que la peste d'Orient. Des côtes de la Méditerranée à Paris, la marche de Bonaparte fut une marche triomphale, et sa renommée, en attendant ses aigles, vola de clochers en clochers. Disons-le à l'honneur de la nation française : aucun des gouvernements nés de la révolution n'avait été populaire, et le gouvernement directorial l'était moins qu'aucun autre, parce qu'en France on peut pardonner une tyrannie furieuse comme celle de la Convention, mais non jamais l'abjection et la lâcheté. Ainsi donc, fort de l'adhésion du peuple, appuyé par un certain nombre d'hommes influents, soit que ceux-ci gémissent de l'état de ruine et de dégradation où la République était en proie, soit qu'ils spéculassent pour eux-mêmes, Bonaparte n'eut qu'à souffler sur le Directoire et il y souffla. Cependant il y avait des difficultés de détail à vaincre, des esprits remuants à assouplir, une masse d'intrigues à conjurer, des jalousies à désarmer et aussi quelques hommes à tromper ou à séduire, ceux par exemple dont le républicanisme ardent mais probe ne prenait point le change sur la direction que l'esprit positif de Napoléon donnerait au pouvoir dès qu'il en serait investi. Dans les négociations préliminaires, où les choses se préparèrent pour le grand jour convenu, on ne vit aucune intervention du Directoire, si ce n'est de la part de Barras et de Sieyès, qui prévoyaient trop bien l'issue de l'événement pour ne pas songer, les bons patriotes qu'ils étaient, à retirer, comme on dit vulgairement, leur épingle du jeu. Bernadotte fut un des républicains honnêtes le plus opposant. Le Conseil des Anciens, où avait été admis récemment Joseph Bonaparte, se montra bien disposé dès les premières ouvertures qui lui furent faites. Moreau, en acceptant la garde du Directoire, s'annihila comme homme de parti, sans compromettre la gloire jusque-là si pure qu'il avait acquise dans ses campagnes. M. de Talleyrand et Fouché faisaient assaut de souplesse pour éloigner du Directoire ses derniers partisans ; le président Gohier n'osait faire à Bonaparte l'application de la loi, et il y eut cela de

vraiment curieux dans la rigidité de ses principes, qu'il renonça à défendre la constitution de
l'an III, parce qu'il aurait fallu, pour essayer de
la sauver, violer un de ses articles qui ne permettait aux directeurs de rendre des arrêtés
qu'avec trois signatures.

Le seul obstacle qui fût un peu à redouter
venait, du moins on le craignait, du Conseil des
Cinq-Cents, composé en partie d'hommes jeunes
encore, exaltés et ambitieux. Cependant le général Bonaparte ayant été investi du commandement de toutes les troupes, le Corps législatif,
par arrêté de la commission du Conseil des Anciens, fut convoqué à Saint-Cloud pour le 19 brumaire. Les deux arrêtés sont du 18 brumaire.
C'est donc la journée du 19, et non celle du 18,
qui fut orageuse et heureusement décisive.

Disons un mot de la position des partis. Au
Directoire, le président Gohier et Moulins te-
naient pour la constitution de l'an III, Sieyès,
dont on faisait ce qu'on voulait avec de l'argent,
et Roger-Ducos, étaient déjà d'accord avec le
parti de Bonaparte. Barras, au lieu de les dépar-
tager, se renferma dans son intérieur et évita
toute communication avec ses collègues jusqu'au
moment où il envoya sa démission au Conseil

des Anciens. De fait, il n'y avait donc plus de Directoire.

Le 18, Bonaparte passa aux Tuileries une revue et se fit reconnaître par les troupes en leur annonçant le commandement qui lui était confié. « Je l'ai accepté, dit-il, pour seconder les » mesures que le Conseil des Anciens va prendre, » et qui sont tout entières *en faveur du peuple.* » Il ajouta : « *La République est mal gouvernée* » depuis deux ans ; vous avez espéré que mon » retour mettrait un terme à tant de maux ; vous » l'avez célébré avec une union qui m'impose » des obligations que je remplis : vous rempli- » rez les vôtres , et vous seconderez votre géné- » ral avec l'énergie, la fermeté et la confiance que » j'ai toujours vues en vous.

» La liberté, la victoire et la paix replaceront » la République française au rang qu'elle occu- » pait en Europe , et que l'ineptie ou la trahison » a pu seule lui faire perdre. »

Cette allocution, publiée immédiatement après avoir été prononcée, donne la mesure du peu de mystère dont était enveloppé le projet arrêté de changer le gouvernement. Ce que l'on allait faire serait *en faveur du peuple,* et depuis deux ans *la République était mal gouvernée !* Rien n'était plus vrai que cette dernière assertion; tout le monde en avait le sentiment, et c'est ce qui devait assurer le succès de Napoléon. A l'exception des agioteurs, toutes les classes de la société souffraient. La loi des suspects, remise en vigueur sous la dénomination de loi des otages, encombrait les prisons à un tel point que les geôles ne pouvant contenir tous les otages, ceux-ci, en grand nombre, étaient prisonniers dans leurs propres habitations. On en évaluait le nombre à QUARANTE-CINQ MILLE. On vantait cependant le règne d'une prétendue liberté. Comparez : à la chute de ce que l'on a appelé la *tyrannie impériale*, on a trouvé CENT SOIXANTE-QUATRE prisonniers d'État répartis dans toutes les prisons de l'Empire!

A la loi des otages, le Directoire avait joint un emprunt forcé de cent millions. Toutes les industries honnêtes languissaient; la valeur des fonds publics n'outrepassait que de très-peu de chose la valeur du revenu d'un an; cinq francs de rente représentaient seulement un capital dérisoire de sept francs cinquante centimes. Les arts restaient sans encouragements, quand ils n'étaient pas flétris par la protection des courtisanes de la banque ou de la fourniture aux armées. Partout le vice se montrait à découvert. Sur les murs de Paris on lisait des enseignes indiquant audacieusement les lieux consacrés à la débauche. Les campagnes manquaient de bras pour la culture, et les produits du sol restaient sans débouchés. L'Italie était perdue; point d'armée à l'intérieur ; point de crédit; point de ressources. Comme au temps du Bas-Empire, le fisc était dévoré par les collecteurs de l'impôt. Pas un allié, et nous étions en guerre avec toute l'Europe. Ce tableau n'a rien de chargé. La pénurie était telle que, deux jours après le 18 brumaire, la commission consulaire ne trouva pas *douze cents francs* dans la caisse du gouvernement pour expédier un courrier au général Championnet, commandant alors l'armée d'Italie. Voilà ce qu'il importe de ne pas perdre de vue pour apprécier les bienfaits du 18 brumaire.

Maintenant, sans entrer dans les nombreux détails du drame dont Saint-Cloud fut le théâtre le 19 brumaire, disons que ce jour-là Bonaparte, accompagné de la plupart des généraux présents à Paris, moins Bernadotte, partit à huit heures du matin de sa maison de la rue de la Victoire, laissant Joséphine dans l'anxiété de savoir si le soir il coucherait à la Force ou au Luxembourg.

Bonaparte se rendit d'abord au Conseil des Anciens que présidait Lemercier, qui fut sénateur et est aujourd'hui le doyen des pairs de France. On avait eu le soin de convoquer tardivement les membres de ce Conseil que l'on croyait le plus récalcitrants, de sorte qu'il y eut peu d'opposition, quoique Bonaparte, il faut que nous disions avant tout la vérité, quoique Bonaparte se soit un moment fourvoyé dans sa harangue. Au Conseil des Cinq-Cents, la partie fut plus difficile à jouer. Quand il s'y présenta, on cria à la violation du lieu des séances ; les cris : *Hors la loi !* se firent entendre, malgré les efforts du président Lucien pour rétablir le calme. Il n'y eut pas un seul poignard levé sur la personne de Bonaparte ; mais seulement un effroyable tumulte qui redoubla encore contre Lucien quand son frère fut sorti. Ce fut après la retraite de Bonaparte que Murat, commandant la garde du Corps législatif, entra dans l'assemblée à la tête de ses grenadiers pour délivrer le président. Lucien avait déposé ses insignes ; il les reprit dans la cour du château ; il harangua les soldats ; la baïonnette apparut dans le Conseil comme un argument irrésistible, et la branche cadette de la représentation nationale, qui tout à l'heure

8.

encore jurait de mourir à son poste, s'envola par les fenêtres comme s'envole une nuée de moineaux au bruit de la moindre détonation.

Cependant les membres des deux Conseils, n'ayant point l'autorisation de revenir à Paris, erraient comme des ombres dans les corridors du château, dans les allées et dans l'avenue. Le gouvernement détruit, il fallut en créer un nouveau. Comme cela arrive toujours en pareil cas, on ramassa les débris du gouvernement tombé pour en former le premier noyau du gouvernement qui allait surgir. Lucien rassembla une trentaine de membres du Corps législatif qui sanctionnèrent les délibérations d'où sortit une commission consulaire composée de Bonaparte, de Sieyès et de Roger Ducos ; on travailla à poser les bases d'une nouvelle constitution, et les principaux collaborateurs de cette œuvre improvisée furent M. de Talleyrand, Fouché, Rœdérer et Sieyès, qui, dit plus tard Napoléon, avait toujours une constitution dans sa poche. Dans ce premier moment, il n'y eut ni premier, ni second, ni troisième consul, mais seulement, comme nous venons de le dire, une commission consulaire dont les membres étaient égaux en droits. C'était dire qu'il n'y avait qu'un seul consul.

A la rigueur, on pourrait contester la légalité des actes du 18 et du 19 brumaire ; mais leur opportunité, leur nécessité, impossible ! Autant vaudrait condamner un médecin pour avoir guéri un malade dans un état désespéré, en ne se conformant point scrupuleusement aux prescriptions de l'ordonnance qui l'aurait infailliblement tué. Dans la même séance où fut changée la constitution, trente membres présents prononcèrent contre soixante et un de leurs collègues la peine d'exclusion, « *pour les excès et les* » *attentats* auxquels ils s'étaient constamment » portés, et notamment dans la séance du » matin. »

A trois heures du matin, le 20 brumaire, tout était fini. Bonaparte revint à Paris. En arrivant, il dit à Joséphine : « J'ai dit bien des » bêtises. J'aime mieux parler à des soldats qu'à » des avocats. Ces b......-là m'ont intimidé. Je » n'ai pas l'expérience des assemblées. Patience, » cela viendra. »

Voyons maintenant sur quelle base fut assise la constitution de l'an VIII. C'est sous sa loi, en effet, que nous allons vivre jusqu'à la fondation de l'Empire, sauf quelques modifications qu'y apporteront des sénatus-consultes.

La constitution de l'an VIII, élaborée pendant un mois, fut présentée le 22 frimaire, et, deux mois après, c'est-à-dire le 18 pluviôse correspondant au 7 février 1800, acceptée par le peuple. Comme déjà *la commission* consulaire avait fait son temps, la constitution établit *un gouvernement* consulaire composé de Bonaparte, premier consul, nommé pour dix ans ; de Cambacérès, second consul, également pour dix ans ; et de Lebrun, troisième consul, nommé pour cinq ans. Elle fonda un Sénat conservateur, un Corps législatif composé de trois cents membres, et un Tribunat composé de cent membres (1).

L'établissement du Conseil-d'État, de ce fameux Conseil où entrèrent toutes les principales lumières de la France, n'eut lieu que douze jours après. Le Corps législatif et le Tribunat furent installés le jour correspondant dans l'almanach au 1er janvier 1800 ; circonstance puérile peut-être à signaler, si elle n'eût pas été un premier

____

(1) Le 4 août 1802, le nombre des membres du Tribunat fut réduit à cinquante, et le Tribunat totalement supprimé le 19 août 1807.

jalon planté sur la route qui ramenait aux anciens usages.

Voilà donc l'écolier de Brienne, l'officier d'artillerie, le vainqueur de l'Italie et de l'Égypte, chef du gouvernement, bien qu'escorté de deux collègues. C'est à dater de ce moment que commence cette belle période de notre histoire que l'on appelle le Consulat et qui ne pâlira jamais devant la période plus brillante de l'Empire. Les quatre années du Consulat nous apparaissent, sauf la seule tache qu'y imprima en caractères de sang le meurtre du duc d'Enghien, comme le miracle idéal d'un gouvernement. Depuis le 18 brumaire eut lieu, dans une progression toujours ascendante, jamais interrompue, la plus grande, la plus complète restauration sociale dont on puisse citer l'exemple dans les annales d'aucun peuple ancien ou moderne. Chose admirable ! ce fut avec les hommes de la révolution que le premier consul reconstitua ce qu'il y avait de bon dans l'ancien régime. La profonde connaissance des hommes, acquise dans les camps et dans la manutention des États conquis par lui en Italie, lui avait enseigné que la haine de certaines institutions, de certains priviléges, n'est souvent qu'une jalousie de position dissimulée sous le masque de l'intérêt public, et qu'un déplacement à leur profit satisfait ordinairement ceux qui ont voulu une destruction radicale. Telle fut la voie ouverte dès les premiers jours du Consulat, et nous allons voir le premier consul y marcher d'un pas ferme, mais prudent, et avec une constance toujours calculée.

Présentons ici une des preuves les plus frappantes de ce calcul incessant. On y verra à quel point Bonaparte savait triompher de ses émotions personnelles quand le sacrifice lui en paraissait nécessaire à sa politique. Avant de quitter l'Égypte, Bonaparte avait assigné à Kléber un rendez-vous auquel il eut grand soin de ne se pas trouver. Kléber, devenu général en chef de l'expédition, adressa tout naturellement ses dépêches au Directoire. Or, quand ces dépêches arrivèrent à Paris, le Directoire n'existant plus, elles tombèrent entre les mains du premier consul qui put lire et lut en effet les griefs de son successeur contre lui, griefs exprimés avec une certaine animosité. Que fit dans cette occurrence le premier consul? Il adressa une proclamation aux soldats de l'armée d'Orient, les assura que les consuls de la République s'occupaient d'eux, et il y intercala cette phrase vraiment remarquable

dans la situation : « Portez à Kléber cette con-
» fiance sans bornes que vous aviez en moi; il la
» mérite. » Est-ce abnégation d'amour-propre,
est-ce l'effet d'une incroyable adresse? Peu importe. Quand on est capable de se commander
ainsi à soi-même, on est digne de commander
aux autres.

Il n'est pas hors de propos de montrer ici
comment, dès le commencement du Consulat,
et par quel conseil Bonaparte relégua ses deux
collègues Cambacérès et Lebrun dans les attributions qui devinrent les titres de leur dignité
sous l'Empire, et comment il absorba en lui tout
ce qu'il y a de virtuel dans la direction d'un gouvernement. Il faut savoir que M. de Talleyrand,
dont les intrigues avaient si bien préparé les préliminaires du 18 brumaire, lui, deux fois ministre des relations extérieures sous le Directoire,
et qui croyait le redevenir, ne le fut pas d'abord.
On le menaçait même d'une ambassade à Berlin,
ce qui ne satisfaisait nullement son ambition. Ce
fut dans cette occurrence que, causant avec le
premier consul auquel il faisait une cour assidue,
il amena la conversation sur la distribution du
travail entre les consuls. Il lui fit très-facilement
comprendre que lui, premier consul, il devait,

dans l'intérêt d'une unité d'action indispensable, se réserver le travail avec les ministres de la guerre et de la marine, ces deux départements étant connexes; qu'il en était de même des départements de l'intérieur et de la police générale continuellement en rapport l'un avec l'autre. Quant au ministre des relations extérieures, chargé d'ouvrir des négociations avec toutes les cours de l'Europe, de qui pourrait-il recevoir des ordres directs et des leçons, si ce n'est du premier consul, du négociateur de Campo-Formio. Cambacérès, ancien magistrat, tout à l'heure encore ministre de la justice, aurait la haute main sur la magistrature qui attendait une vaste réorganisation ; Lebrun, esprit droit, homme d'ordre et de probité, exercerait une utile suprématie sur les diverses administrations financières. Comme on le voit, ce fut cette fois le renard qui fit la part du lion. Les avis de **M.** de Talleyrand furent adoptés, et le premier consul le nomma ministre des relations extérieures.

Tout était à faire, et beaucoup de choses à défaire en France. Chaque fois que le premier consul fouillait dans ce qu'il appelait le fumier du Directoire, il en éprouvait un invincible dégoût qu'il manifestait hautement. Son premier

soin fut de révoquer l'emprunt de cent millions
et la loi des otages ; aussi, en peu de jours, les
fonds publics triplèrent-ils de valeur. Quant au
retrait de la loi des otages, on peut dire qu'il la
mit lui-même à exécution. Chaque jour il allait
s'assurer personnellement, inopinément, sans être
attendu, de la situation des établissements publics. Un jour fut consacré à la visite des prisons.
Arrivé au Temple, il se fit présenter le registre
d'écrous, et fit sortir immédiatement, sans autre forme, les nombreux prisonniers détenus en
vertu de la loi des otages. C'était de l'arbitraire.
Oui; mais on conviendra que ce genre d'arbitraire est peu dangereux, et surtout peu conta-
gieux.

Un autre jour il alla visiter le Prytanée français, l'ancien collége de Louis-le-Grand, le seul
collége qui n'eût pas été tout-à-fait fermé pendant la révolution, le seul par conséquent où fut
conservée une ombre de tradition de l'ancienne
Université. Dans cette visite, il se fit *membre de
l'Institut* pour examiner lui-même quelques élèves sur des questions de mathématiques. Quelques jours après, il envoya à ceux des élèves qui
lui avaient le mieux répondu une pension viagère
de deux cents francs sur sa cassette. Avant de

9

quitter la salle où eut lieu l'examen, il prononça
cette belle sentence : « Jeunes gens, chaque heure
» de temps perdu est une chance de malheur pour
» l'avenir. » Comme il avait mis un ton au moins
aussi solennel en disant ces paroles que quand, à
treize ans, lui écolier, il fulmina l'application de la
consigne à madame Hauté, à Brienne, il se fit
sur les bancs de la classe un petit mouvement dont
le premier consul s'aperçut ; il se retourna alors,
et ajouta du ton le plus gracieux : « Mes en-
» fants, je n'appelle point temps perdu celui où
» l'on s'amuse, c'est celui où l'on ne fait rien du
» tout. »

Cette sentence explique, par l'application que
s'en fit à lui-même Bonaparte, l'immensité de choses grandes et même petites qu'il exécuta durant sa vie, et surtout pendant le siècle de quatorze ans que dura son règne. C'est qu'il avait
du temps pour tout, c'est qu'il ne perdait jamais
de temps, la seule chose en effet dont la perte soit
irréparable. Dans une même journée, Bonaparte,
consul ou empereur, travaillait le matin dans son
cabinet, recevait des savants et des artistes à
l'heure de son déjeûner, causait avec eux, présidait le Conseil-d'État, puis le conseil de ses ministres ; et le soir, lorsque surtout Talma jouait un

rôle de Corneille, on le voyait à la Comédie-Française. Dans les premiers temps du Consulat, il y venait fréquemment, disant que, si Corneille eût vécu de son temps, il l'aurait fait premier ministre : magnifique hommage rendu par le génie de l'action et de la réalité au génie de la pensée et de la fiction. Souvent il arrivait sans être attendu, et Dieu sait de quels cris d'enthousiasme on le saluait à son entrée dans cette loge située à la gauche du spectateur, autrefois la loge royale. Quand sa présence était prévue, la salle présentait un singulier coup d'œil : du point où l'on pouvait l'apercevoir, toutes les places, jusqu'aux combles, étaient occupées, tandis qu'à l'opposite les meilleures loges restaient vides. Ajoutons que jamais Napoléon, étant à Paris, ne manqua d'assister aux représentations *gratis* données la veille de toutes les grandes fêtes. Ces jours-là il comptait un cortége d'amis plus nombreux encore que de coutume, il était au milieu du peuple.

A propos de ces fêtes qui devinrent si brillantes sous l'Empire, disons en outre que peu de jours après l'installation du premier consul au Luxembourg, il frémit à l'idée que l'on allait bientôt célébrer la monstrueuse commémoration du 21 janvier. Une fête à l'occasion d'une tête coupée ! Cependant tant de régicides étaient présents dans ses conseils, que, n'osant les accuser par une suppression motivée, il prit un biais à la suite duquel un arrêté des consuls proclama qu'à l'avenir il n'y aurait plus que deux fêtes nationales reconnues : celle du 14 juillet, jour de la fédération, et celle du 1er vendémiaire, jour de la fondation de la République. Elles disparurent toutes les deux sans bruit, sans aucune réclamation de la part des fédéralistes, ni de la part des républicains.

Cent jours!... Tel fut le nombre exact de jours que le premier consul résida au Luxembourg. Cent jours en 1815 ! Quel bizarre rapprochement inscrit par la fortune au commencement et à la fin du gouvernement de Napoléon. Mais n'anticipons pas sur les malheurs de l'avenir, et restons le plus long-temps possible dans une auréole de gloire sans égale.

Il était dans le caractère de Napoléon, comme on l'a vu à l'occasion de la correspondance de Kléber, de tout sacrifier à l'utilité. Au Luxembourg même il en donna une preuve trop caractéristique pour que nous puissions la passer sous silence. Népomucène Lemercier, un de ses plus intimes amis autrefois, négligea de venir le voir après son avénement au Consulat. L'absence de Lemercier

fut remarquée, et madame Bonaparte, à l'insti-
gation du premier consul, lui écrivit pour l'invi-
ter à venir un jour déjeûner avec eux. On déjeûnait à dix heures précises au Luxembourg, et on
dînait à cinq heures. Lemercier se rendit à l'invi-
tation. Le déjeûner fini, et ce n'était pas une
opération de longue durée, le premier consul
emmena Lemercier dans son cabinet. Là, il lui
reprocha de ne pas chercher à entrer dans le
nouveau gouvernement, insistant sur ce mot
qu'il répéta plusieurs fois : « Je veux que mon
» gouvernement soit un gouvernement hon-
» nête, Lemercier, honnête ; entendez-vous ? »
Lemercier objecta qu'ayant voué sa vie à la
culture de la littérature et des arts, il ne
voulait pas dévier de la route qu'il s'était tra-
cée. « A la bonne heure, reprit le premier
» consul.... Pourtant.... Voyez. Si vous m'a-
» viez demandé à entrer au Conseil-d'État, je
» vous aurais mis en bonne compagnie. » Cela
disant, Bonaparte éparpillait sur son bureau un
grand nombre de feuillets sur lesquels étaient
inscrits les noms des hommes qu'on lui avait re-
commandés pour faire partie des corps qu'il s'occupait activement de composer. Apercevant le
nom de Barrère sur la liste des futurs conseillers

9.

d'État, Lemercier ne put retenir un mouvement
d'indignation accompagné de cette exclamation :
« Oh ! général... Barrère ! — Eh bien !... Quoi?...
» expliquez-vous. — Barrère, que l'on a sur-
» nommé l'Anacréon de la Guillotine ! — Est-ce
» vrai ? — Général, vous êtes peut-être le seul
» qui l'ignore. » Nous devons ici faire observer
que vingt jours seulement avaient séparé le retour
d'Égypte du 18 brumaire, que ce temps avait
été rempli par les préparatifs de la grande journée, que par conséquent, n'ayant pu connaître
personnellement *le personnel* des hommes civils,
Bonaparte devait s'en rapporter à des renseignements. Quoi qu'il en soit, Lemercier n'avait pas
fini de parler que déjà le nom de Barrère était
biffé de la liste. Mais, tout à coup, comme s'il
avait eu peur qu'on l'accusât de céder à une impulsion étrangère : « Ce n'est pas pour moi, au
» moins, reprit-il d'une voix forte ; c'est pour
» l'opinion. Moi, je ne demande aux hommes
» que de la probité et du mérite. Dans mon
» Conseil-d'État... j'y mettrais Robespierre et
» Louis XIV ! » Quel étrange assemblage de
noms ! Cette pensée, produite avec tant d'éclat,
eut son pendant, si l'on peut ainsi dire, sous
l'Empire. Quand Louis fut devenu roi de Hol-

lande, on publia à Amsterdam quelques pamphlets dans lesquels on parlait mal de la France, tout en préconisant l'empereur. « Qu'est-ce à » dire, monsieur mon frère, écrivit Napoléon à » Louis; je n'entends rien à ces distinctions. *S'en* » *prendre à la France, c'est s'en prendre à moi.* » Sachez que je suis solidaire de tout ce qui s'est » fait en France depuis Clovis jusqu'à Robes- » pierre. » L'amour de la France, de sa dignité, de sa gloire, Napoléon, si l'on peut ainsi dire, il le suait par tous les pores, au point qu'il n'en répudiait pas les temps désastreux. L'adoption du passé eût dû, à défaut d'autres titres, lui assurer l'adoption de l'avenir. Le peuple s'en est chargé. Que si d'ailleurs nous avons rapproché deux faits qui se rapportent à des époques différentes, c'est qu'ils se rattachent à cette unité de pensée dont nous avons déjà parlé.

Ce fut pendant le séjour de Napoléon au Luxembourg qu'eut lieu le mariage de Murat avec sa sœur Caroline à laquelle il ne put donner qu'une dot de trente mille francs, en attendant le complément du grand duché de Berg et de la couronne de Naples. Cependant il se manifesta à cette occasion un petit levain de gentilhomme dans l'âme du premier consul; il regarda cette union comme une mésalliance, mais la bravoure de Murat l'emporta.

La plus grande récréation du premier consul consistait dans les visites qu'il faisait à la Malmaison, lieu devenu si célèbre. Madame Bonaparte l'avait achetée pendant la campagne d'Égypte. Là Napoléon se plaisait plus qu'en aucun autre lieu du monde ; son génie s'y reposait depuis le samedi soir jusqu'au lundi matin du gouvernement de la République, et il s'occupait, comme un bon propriétaire, à supputer les revenus du parc et de la terre qui pouvaient s'élever à huit mille francs par an ; observant toutefois que pour y vivre agréablement il lui faudrait trente mille livres de rente. A cette époque les appointements du premier consul étaient de cinq cent mille francs et le budget entier du gouvernement ne s'élevait pas annuellement à la somme de sept millions, y compris les ministres, le Sénat, le Corps législatif, le Tribunat et le Conseil-d'État. Certes, c'était là un gouvernement à bon marché.

La période consulaire fut sans doute marquée par une foule d'événements, mais pour nous son histoire est moins dans les faits que dans les institutions ; l'influence morale de Napoléon sur la nation nous paraît supérieure aux plus belles actions, parce que cette influence descendit de proche en proche, en traversant les régions intermédiaires, du sommet de la puissance dans les rangs du peuple où elle fut le mieux comprise et le mieux appréciée. Indigné de la malversation des détenteurs des deniers publics, des dilapidations des fournisseurs, des fortunes scandaleuses érigées sur la misère du peuple, lui seul peut-être parmi les souverains il comprit que les plus grands malfaiteurs ne sont pas ceux que la loi atteint; plusieurs fois il fit rendre gorge à ceux qui s'étaient le plus effrontément enrichis par des spéculations perverses. Il accueillait mal ou refusait la porte du Luxembourg aux femmes et aux hommes signalés pour leur immoralité, voulant que sa maison fût honnête comme son gouvernement; il n'admettait pas qu'un individu dans sa vie puisse gagner honnêtement plus de six millions, et prétendait, non sans raison peut-être, qu'avec une pareille fortune un citoyen était dangereux dans une république. En même temps son respect pour la propriété était telle, qu'au faîte de la puissance impériale il défendit absolument que l'on tracassât le moins du monde une vieille dame possesseur de quelques arpents de bois, quoiqu'il les convoitât depuis long-temps pour arrondir son domaine de la Malmaison. Considéré comme homme privé, nul ne fut plus que lui esclave de la loi commune sous son règne.

Au Luxembourg il institua la Banque de France. A sa voix une nouvelle vie anima tous les services publics tombés en léthargie sous le Directoire. De proche en proche il communiqua son activité à tout ce qui se trouva entraîné dans la sphère de son gouvernement, si bien qu'au printemps il eut à sa disposition une magnifique armée, remplie de zèle, de dévouement, prête à se mettre en campagne pour reconquérir l'Italie perdue et avec elle de nouvelles chances de contraindre les ennemis de la France à accepter des propositions de paix. Hâtons-nous d'ajouter que dès son avènement au Consulat, Bonaparte, en le notifiant aux cours étrangères, avait fait les premières ouvertures. Sans se soumettre aux exigences de l'étiquette des chancelleries, il écrivit directement au roi d'Angleterre, mais cette forme inusitée fut rejetée par le cabinet de Saint-James, qui répondit par une note transmise au ministre des relations extérieures; il y eut échange de notes et voilà tout. Il faut dire ici la vérité. L'Angleterre ne voulait pas la paix, quoiqu'elle n'eût plus de prétexte pour continuer la guerre.

Bonaparte ne la voulait pas non plus avant d'avoir repris ses avantages. Cependant les deux gouvernements étaient contraints de faire semblant de la vouloir parce que les deux peuples la désiraient ardemment. Bonaparte reprit, comme il l'espérait, ses avantages dans la miraculeuse campagne de Marengo, à jamais mémorable par le passage du mont Saint-Bernard et le résultat de la grande bataille dont l'issue demeura long-temps douteuse, dont le gain fut déterminé par une charge de cavalerie que dirigea la bravoure intelligente et rapide du général Kellermann, par l'arrivée sur le champ de bataille du corps de l'armée d'Égypte ramené par Desaix, qui paya de sa vie ce dernier service rendu à la France; et, plus que tout cela peut-être, par la fortune de Bonaparte. La Providence ne voulait pas qu'il éprouvât une seule défaite en Italie.

Avant de partir pour cette campagne, dont l'issue miraculeuse changea la face des affaires sur le continent d'Europe, le premier consul avait fait un grand pas dans son ascension vers la souveraineté. Dix jours après avoir assisté en grande pompe à une fête donnée aux Invalides, que l'on appelait alors le temple de Mars, pour y célébrer l'inauguration des drapeaux pris sur l'ennemi et y rendre en même temps un solennel hommage à la mémoire de Washington qui venait de mourir, Bonaparte alla s'installer aux Tuileries, qui ne furent point *château*, mais palais du gouvernement. Pour ménager la transition, le troisième consul y eut un appartement, qu'il ne conserva pas long-temps. Le second consul logea à l'hôtel d'Elbœuf sur la place du Carrousel. Cambacérès et Lebrun eurent des gardes jusqu'à la fondation de l'Empire. Cependant le *palais du gouvernement* avait été *nettoyé* d'avance ; ce fut l'expression employée dans les instructions données à l'architecte, et l'on y plaça des statues de grands hommes empruntés à tous les temps. Brutus s'y montrait à côté de César et l'on y avait admis Turenne et le grand Condé. C'était un commencement de solidarité avec toutes les grandeurs que Napoléon devait égaler quand il ne leur fut pas supérieur.

Quiconque a lu simplement l'histoire du temps dont nous parlons sans avoir vu le prodigieux spectacle qu'offrit la capitale au retour de Marengo, ne se peut faire une idée des prestiges que l'on respirait, pour ainsi dire, avec l'air. Il n'y avait rien d'officiel dans les joies de toute une population ; c'était spontanément que la reconnaissance publique éclatait sur les pas du premier consul. Dans les théâtres on saisissait avec avidité les moindres allusions à sa gloire ; chaque décadi, le jour consacré aux revues que passait le premier consul sous le nom de *parade*, à la place du Carrousel, dès le matin le peuple en encombrait toutes les avenues et venait faire échange de saluts avec son héros. Il ne fallait point stimuler le zèle des députations qui s'élançaient de toutes les parties de la France pour le féliciter ; on citait avec empressement les pétitions reçues à la parade et les grâces accordées. Un jour, c'était le vieux maréchal de Rochambeau que le premier consul plaçait à sa droite et pour lequel il faisait battre aux champs comme pour lui-même ; un autre jour, c'était la femme ou la fille d'un condamné qui obtenait la grâce de son mari ou de son père, car le premier consul s'était, dès le commencement du Consulat, attribué le droit de faire grâce, droit sans lequel, disait-il, la souveraineté serait chargée de trop de douleurs sans compensations. Nous ne prétendons pas que, dans les faveurs accordées, il n'y eût jamais un peu d'ostentation. Que les souverains fassent souvent de pareils calculs dans l'intérêt de leur renommée, et les peuples ne s'en plaindront jamais. Cela est triste à dire, mais pour gouverner les hommes il faut quelquefois les tromper et les séduire par des fascinations et quelquefois aussi s'en faire craindre. Napoléon lui-même n'aurait pas joui de l'immense popularité encore attachée à son nom s'il n'avait pas su être, selon son expression, le maître chez lui. Il le fut dans son salon aussi bien que dans son empire; homme, il commit des erreurs, mais rarement sa sévérité frappa à faux. Si du moins ceux qui étaient chargés de l'exécution de ses ordres s'étaient moins hâtés! Il ne se plaignait point qu'on lui eût désobéi quand la réflexion l'avait ramené à l'indulgence qui lui était naturelle, quoi qu'on en puisse dire; mais le faux zèle et le besoin de se faire valoir de la part des serviteurs ont fait souvent couler des larmes dont une main royale aurait tari la source. Qu'on nous pardonne ces réflexions qui s'appliquent à toutes les cours. En ce qui concerne Napoléon, nous en avons eu la preuve lors de l'enlèvement du pape à Rome; mais tel était son caractère, telle était la crainte que l'on put croire que dans une circonstance grave on avait agi sans ses ordres, qu'il sanctionnait faite une chose qu'il eût désapprouvée quand elle était encore à faire.

Le gain de la bataille de Marengo, en changeant, comme nous l'avons dit, la face des affaires, donna lieu à l'ouverture de nouvelles négociations. Les traités d'Amiens et de Lunéville rétablirent pour quelque temps une paix *plâtrée* entre la Grande-Bretagne et la république consulaire, et une paix un peu plus solide en apparence aveo l'empire d'Allemagne, qui existait encore. C'est ici le lieu de rappeler une autre circonstance qui servit merveilleusement bien le premier consul et dont il est juste de lui faire exclusivement honneur, car ce fut son intelligente générosité qui la fit naître. Nous voulons parler du revirement subit de Paul Ier et de la politique du cabinet de Saint-Pétersbourg. Initiés dans les détails de cette affaire, c'est à regret que nous nous astreignons à la nécessité de ne les point reproduire ici et de n'en envisager que les sommités. Disons encore, avant d'entamer ce récit, qui sera court, que le premier consul désirait sincèrement la paix quand elle fut conclue avec l'Angleterre. Il voulait obtenir auprès de la nation le titre de pacificateur, et l'on peut juger si ce fut de sa part un sacrifice que de consentir à l'évacuation de l'Égypte ; il est vrai que l'espoir de la conserver était peu fondé. Kléber était mort assassiné au Caire, et l'imbécille général Menou, qui l'avait

remplacé dans le commandement en chef, venait
de conclure une capitulation sur lieux avec Aber-
crombie. Si la nouvelle en fut arrivée à Londres
seulement un jour plus tôt, les préliminaires que
négocia avec tant d'habileté **M.** Otto n'eussent
pas été signées sur les mêmes bases. Le bonheur
du premier consul voulut qu'ils le fussent le
1er octobre, et la nouvelle arriva le lendemain.

Pendant la campagne d'Égypte, l'Autriche, la
Russie et l'Angleterre, unies par un traité d'alliance offensive et défensive, avaient fait la guerre
à la France. La France avait en sa puissance
sept mille prisonniers russes pris en Hollande.
Instruit du caractère bizarre de Paul Ier et de
quelques mécontentements suscités par l'Angleterre, le premier consul fit habiller à neuf ces
sept mille prisonniers chacun selon l'uniforme de
leur arme et les renvoya au czar, sans rançon,
sans aucune stipulation de cartel d'échange.
Quand la nouvelle en parvint à Paul, quand il eut
revu ses troupes, l'enthousiasme que lui causa une
telle générosité ne connut plus de bornes. Il n'y
aurait pas d'exagération à dire qu'il devint *amoureux* de Bonaparte ; il en recherchait les por-
traits, il se faisait raconter les actions de sa vie
jusque dans leurs moindres détails, et écrivit

plusieurs lettres au premier consul pour lui demander son amitié en échange de la sienne. Bonaparte comprit toute l'influence que cette alliance pouvait exercer sur l'assiette d'un gouvenement encore jeune, et quand le baron de Sprengporten, envoyé tout à la fois confidentiel et officiel du czar, vint à Paris, il fut l'objet de toutes sortes de prévenances de la part du premier consul. L'Angleterre frémit de rage à la nouvelle d'un rapprochement aussi inattendu ; son ambassadeur à Saint-Pétersbourg, le lord Withworth, renvoyé par le czar, se plaça en vedette à Riga , qui devint le foyer des intrigues du nord. Là s'ourdit , entre l'ambassadeur et les mécontents de Saint-Pétersbourg, le complot à la suite duquel Paul Ier fut assassiné par les mains des deux frères Platon et Valérien Subow, et sous l'inspection protectrice, en cas de réussite, du comte de Pahlen, gouverneur militaire de Saint-Pétersbourg. Une femme, la duchesse de Sagan, fille du fameux Biren, créé duc de Courlande , fut l'agent de communication entre les conjurés de Riga et les exécuteurs de Saint-Pétersbourg. Après la conclusion de la paix d'Amiens, on put reconnaître une délicatesse toute anglaise dans le choix que fit le cabinet de Londres de lord

10.

Withworth pour son ambassadeur à Paris. L'y avait-on envoyé pour jeter les semences d'un nouveau complot contre la vie du premier consul ? ou n'était-ce qu'un simple avertissement? S'il est vrai, comme on le dit, que l'on prête volontiers aux riches, il n'est pas surprenant que l'on suppose toujours la présence de l'Angleterre dans les grands crimes politiques. M. Pitt n'a-t-il pas dit, quand il déposa le ministère, pour ne pas signer un traité de paix avec Napoléon : « La » France n'est pas encore assez saignée! » Voilà quelle fut, quelle sera toujours la doctrine anglicane, capable, à de certains intervalles, de laisser gonfler nos veines de prospérité, mais afin d'en tirer plus de sang.

Ceci nous amène à parler des tentatives d'assassinat dirigées contre la personne du premier consul. Les précautions pour sa propre sûreté lui étaient antipathiques. Il laissait à ceux qui l'entouraient le soin d'y veiller et ils y veillèrent avec tant d'assiduité, mais si inutilement, que l'on peut regarder comme une chose démontrée l'inutilité de l'intervention de la police, incapable de prévenir les complots où elle ne joue pas un rôle. La conspiration de Ceracchi et d'Arena appartient à cette dernière catégorie; on en tenait

tous les fils par un nommé Harel , de sorte que
le premier consul ne courut plus aucun danger
quand il se rendit à l'Opéra, où il devait être
assassiné. Il n'en fut pas de même de l'attentat
du 3 nivôse; attentat prémédité et exécuté par
des agents du parti royaliste. La police n'y étant
pour rien n'en sut rien. Dès le soir même, à son
retour aux Tuileries, le premier consul attribua
le crime aux Jacobins. Sur ces premiers soupçons
un nombre assez considérable d'hommes connus
par leur turbulence fut frappé d'exil, malgré les
doutes de Fouché. Ce ministre vit, dès l'origine,
des mains royalistes dans l'attentat du 3 nivôse;
il le vit par instinct; mais ce fut seulement quelque temps après, quand un hasard lui eut livré
les noms des criminels, qu'il put prouver au premier consul que ses présomptions avaient été
fondées. La déportation prononcée ne fut pas
pour cela révoquée. Il y eut injustice mais utilité, car les partis se calment encore plus difici-
lement que les flots de la mer. La preuve que
Bonaparte fit bien, c'est qu'il eut l'assentiment
du peuple, dont les votes recueillis dans les assemblées primaires lui décernèrent peu après le consulat à vie.

On peut voir dans la manière simple et libre

dont nous énonçons les faits que nous ne tombons pas dans le panégyrisme, bien plus désireux de provoquer des jugements impartiaux que de prononcer nous-même des jugements sans appel. Nous ne préconisons aucune infraction à la loi commune, mais à côté nous plaçons cette implacable nécessité qui circonvenait, enveloppait, pressait de toutes parts le premier consul; pour restaurer la France, comme il le fit, il n'eut pas toujours le choix des moyens. Pour gagner une bataille il faut quelquefois sacrifier un régiment.

L'horreur inspirée par les sanglants souvenirs de la terreur, le mépris attaché aux souvenirs plus récents du Directoire, firent, sans aucun doute, une belle position à Bonaparte, déjà sûr de faire bien, en faisant autrement que les gouvernements ses devanciers. Cependant cette position était encore difficile; elle l'était tellement que presqu'aucun des actes régénérateurs du premier consul ne fut admis sans opposition. L'esprit d'irreligion accueillit avec dérision le Concordat, cette grande œuvre de réconciliation de la France avec l'Église. Cependant le Concordat contribua puissamment à l'extinction définitive de la guerre civile dans la Vendée et rattacha au gouvernement la majeure partie des populations du Midi. Quelques esprits forts clabaudèrent et firent un peu de bruit, tandis que les approbateurs, mille fois plus nombreux, acceptèrent le bienfait avec reconnaissance, mais sans éclat. La malveillance mécontente a le verbe plus élevé que ne l'ont les consciences satisfaites, toujours un peu timorées.

Une fois la base religieuse restituée aux mœurs, le premier consul parcourant, si l'on peut ainsi dire, le clavier des idées humaines et des besoins sociaux, ne dédaigna point de s'occuper de choses futiles en apparence, mais qui n'en exercent pas moins une action sérieuse sur l'opinion. Ainsi fut renouvelé l'usage des promenades de Longchamps; ainsi fut autorisée la réouverture des bals masqués à l'Opéra; ainsi des étoffes de luxe, proscrites depuis près de dix ans, reparurent dans la confection des costumes et reprirent le chemin des Tuileries. Les désœuvrés, les gens riches applaudirent à cette résurrection de jouissances long-temps défendues; ils en surent gré au premier consul, sans se douter peut-être qu'ils n'étaient, qu'on nous passe le mot, que *ses compères;* il caressait leur vanité pour les obliger sans contrainte à raviver à Lyon des manufactures mortes, à faire rouvrir dans toutes les grandes villes, et notamment à Paris, des ateliers

déserts, enfin à donner du travail au peuple dont
l'intérêt se retrouve toujours au fond de ses actions les plus simples comme les plus élevées.

Tant que dura la paix d'Amiens on peut dire
que Paris fut une ville enchantée. La sécurité que
le gouvernement offrait à tous permit à de riches
propriétaires de démasquer leur fortune, ce qu'ils
n'avaient osé faire sous les régimes précédents.
Avides de revoir la France, dont les portes leur
étaient fermées depuis la révolution, Anglais,
Russes, Allemands, se précipitèrent en foule
dans la capitale; par leurs dépenses, non seulement
ils alimentèrent des sources de commerce que
l'on croyait desséchées, mais par leur exemple ils
suscitèrent des imitateurs parmi les habitants de
Paris. Les portes de l'émigration assez largement
ouvertes permirent aux proscrits de venir respirer l'air natal, et ils rapportèrent, en échange de
la bienveillance qui les accueillait, des modèles de
cette urbanité sociale qui plaisait tant au premier
consul et qu'il ne faut pas traiter avec trop de
dédain dans une nation bien policée. Ce ne fut
d'abord que dans les relations intimes que le mot
de *monsieur* remplaça le mot de *citoyen* conservé
comme dénomination officielle; le *décadi* n'était
détrôné par le *dimanche* qu'en petit comité; mais,

comme s'il eût voulu laisser aux femmes l'initia-
tive d'un retour désiré vers les vieux usages,
déjà, au Luxembourg, le premier consul trouvait très-bon que l'on dît *madame* dans le salon
de Joséphine. Il n'existait pas, à proprement
parler, de distinction de rang; mais on reconnaissait les distinctions individuelles qui s'atta-
chaient de préférence aux talents supérieurs.
C'était une manière d'interpréter la loi d'égalité
sans en enfreindre la lettre. Les artistes, sous le
Directoire, avaient joui d'une prééminence presque nobiliaire. Peu à peu le premier consul fit
beaucoup plus pour les arts et caressa moins la
gloriole des artistes; cependant on cita alors un
dîner à Versailles où pour se rendre à table les
trois consuls de la République donnèrent la main
à trois actrices de la Comédie-Française : Bonaparte à mademoiselle Contat, Cambacérès à mademoiselle Devienne et Lebrun à mademoiselle
Mézerai. Ce fut M. de Talleyrand qui, à l'occasion d'une fête où assista le premier consul, quand
vinrent à Paris le roi et la reine d'Étrurie, donna
le signal d'un classement plus aristocratique. Les
artistes, pour la première fois, furent servis à
une table particulière. Que d'échelons il a fallu
monter un à un pour arriver à la rigueur de

cette étiquette impériale dont la hiérarchie exigea la création du salon des rois.

La présence à Paris du roi et de la reine d'É-trurie, souverains par la protection de Bona-parte, apparaît dans la période consulaire comme un épisode trop important pour que nous n'en disions pas quelques mots. Ce nous sera d'ailleurs une occasion pour faire remarquer que, en même temps qu'il reconstruisait en France l'édifice de la monarchie, le premier consul plaçait au-delà des Alpes une couronne voisine des républiques nées de la République française, en attendant que celles-ci vinssent se fondre dans le grand empire, ou s'y rattacher comme des annexes. A Paris, ce fut un spectacle tout nouveau que de voir deux têtes couronnées, un prince et une prin-cesse de la maison de Bourbon, incliner leur gra-titude royale devant le chef de la République. Un jour que le premier consul assistait avec eux à une représentation d'*Œdipe*, une triple salve d'applaudissements accueillit ce vers :

J'ai fait des souverains et n'ai pas voulu l'être.

Quelques années après, causant avec Talma de la manière dont il avait rempli le rôle de César dans *la Mort de Pompée*, il lui dit : « C'est bien... » point d'emphase... César devait parler simple-

» ment... comme moi je vous parle en ce mo-
» ment... Du reste, vous avez bien fait d'ap-
» puyer sur le passage où César dit qu'*il tient le*
» *trône égal à l'infamie;* ça, c'est de la déclama-
» tion. César disait cela pour les vieux Romains
» qui l'avaient accompagné en Égypte. C'est en-
» core comme moi avec mes vieux Jacobins, il
» faut élever la voix. »

Ce fait, comme on le voit, se rapporte à l'Empire. Il nous en rappelle un autre qui nous ramè-
nera au Consulat; celui-ci prouve, plus que toute
autre chose, combien il est souvent vrai que la
moindre circonstance influe sur le sort d'une
nombreuse partie de la population. L'Assemblée
constituante n'avait rien statué relativement au
sort des Juifs en France. Sous la Convention et
le Directoire, toutes les religions étant également
en dehors du droit commun, il n'y eut pas lieu
de s'en occuper. On donna sous le Consulat, à
l'Opéra, une représentation extraordinaire au
bénéfice de Molé. On joua *Esther*, et le premier
consul y assista. Le lendemain, comme il causait
avec Talma de la manière dont celui-ci avait joué
le rôle d'Assuérus, on annonça M. de Champagny, ministre de l'intérieur. « A propos, dit
» tout à coup Bonaparte en se tournant vers le

» ministre, quel est l'état actuel des Juifs en
» France? Présentez-moi un rapport sur leur si-
» tuation. » Le rapport fut fait, et, grâce à une
représentation d'*Esther*, les Juifs émancipés furent admis à la jouissance de tous les droits civils
attachés à la qualité de citoyens français.

C'était vraiment une chose encore plus sur-
prenante qu'admirable que l'activité du premier
consul, trouvant du temps pour s'occuper simultanément de tant d'objets divers. Dans un
excellent ouvrage sur le Consulat, où **M.** Thi-
baudeau, conseiller d'État, a recueilli jour par
jour les opinions émises par le premier consul
pendant la discussion du Code civil, on voit à
chaque page l'étendue des connaissances, et plus
encore l'incroyable rectitude de jugement de Bonaparte. Sans aucun doute, il était le premier
du conseil, comme le premier à la tête d'une
armée. Mais, ce qui frappe surtout d'étonnement, c'est de voir cet esprit entier, ce caractère souvent rigide jusqu'à l'inflexibilité, dis-
cuter, vivement sans doute quand sa convic-
tion l'entraîne, mais sans chercher à imposer son
opinion autrement que par voie de persuasion.
Nous voudrions pouvoir citer ici quelques ex-
traits de ces discussions d'où jaillirent tant de

lumières, et à la suite desquelles la civilisation entière fut dotée du plus beau code de lois qui ait jamais éclairé le monde et fixé les droits de tous, et dont chaque jour nous recueillons encore les fruits ; mais ce serait grossir le nombre de nos pages plus qu'il ne nous est possible de le faire, ayant encore à parcourir les derniers temps du Consulat, l'institution de la Légion-d'Honneur, l'élan prodigieux que donna à l'esprit national la rupture frauduleuse de la paix d'Amiens, et la dernière conspiration d'où sortit l'Empire. Ces choses sont trop grandes pour être négligées, et toutefois elles le sont moins que l'ensemble des événements, tant à l'extérieur qu'à l'intérieur. Nous devons aussi un souvenir aux travaux publics et aux embellissements de Paris, dont le premier consul donna l'impulsion dès les premiers mois de son gouvernement, et qui n'ont jamais cessé un moment d'être présents à sa pensée.

Depuis long-temps on disait que pour assainir et embellir Paris, il était plus nécessaire encore d'abattre que de construire ; sous ce rapport, Paris n'était pas sans quelque ressemblance avec le gouvernement directorial. L'incendie du Cirque au Palais-Royal prépara les voies à la nouvelle plantation du jardin, et purifia cet édifice des lieux immondes qui en obstruaient le milieu. A la voix du premier consul, tombèrent comme par enchantement ces vieilles masures longeant des rues étroites et boueuses qui régnaient jusque sur les ponts, et faisaient du quartier de la Cité un quartier empoisonné. Les quais adjacents subirent le même sort, et la Seine commença à couler au milieu de la ville, contenue par des exhaussements de terrain avant lesquels de vastes quartiers de la ville étaient inondés lors de la crue des eaux. Le quai de la Grenouillère, dont le nom suffisait à indiquer l'état marécageux, devint en moins d'un an le quai Bonaparte, sur lequel s'éleva, au lieu de sales chantiers, la caserne destinée aux guides du premier consul. Les abords des Tuileries et du Louvre, incessamment déblayés, permirent d'exécuter plus tard les travaux destinés à joindre ensemble ces deux grands monuments; le Carrousel s'élargit, et vit s'élever l'arc triomphal que décorèrent les quatre fameux chevaux de Corinthe enlevés à Venise par le général vainqueur devenu premier consul. Cependant les constructions d'utilité publique, celles qui étaient plus directement consacrées aux besoins journaliers du peuple, eurent la priorité sur les édifices de luxe. Un pont exclusivement destiné aux piétons joignit le Louvre au palais de l'Institut ; la halle au blé incendiée sortit de ses cendres, surmontée d'une coupole en fer ; les rues ne furent plus souillées du sang des animaux abattus dans les arrière-boutiques, quatre grands abattoirs s'élevèrent aux extrémités de la capitale. En même temps, les plans étaient tracés pour des greniers d'abondance destinés à préserver le peuple de ces disettes si fréquentes pendant la révolution. Les vieux marchés, sales et infects, où les marchands étaient exposés aux intempéries des saisons, furent successivement assainis, appropriés et couverts ; à ces marchés déjà existants, on ajouta d'autres marchés nouvellement construits. Tous ces travaux, le premier consul les faisait exécuter sous ses yeux ; sa présence en hâtait la marche, en activait le progrès. Plus d'une fois on l'a vu dès six heures du matin au milieu des ouvriers, car il surveillait lui-même tout ce qui pouvait intéresser le peuple, comme au bivouac il goûtait la soupe des soldats pour s'assurer qu'elle était de bonne qualité. Les églises, rendues au culte, furent par ses soins convenablement réparées. Il y eut cela de particulier dans le génie de Napoléon que, de l'accomplissement d'une chose utile, surgissait dans sa pensée une série de projets nouveaux et toujours plus grandioses ; c'est-à-dire qu'en fondant son empire, il impérialisait tout.

Malgré la marche non interrompue du premier consul vers la souveraine puissance, on discuta beaucoup sur ses projets, et, comme il en avait seul le secret, les interprétations furent nombreuses. Jamais les noms de Monck et de Cromwell ne furent aussi souvent prononcés qu'à cette époque. Chaque parti se faisait un Bonaparte à sa convenance ; tout en conspirant contre lui, les agents français de l'Angleterre essayaient de faire croire qu'il travaillait pour les Bourbons, quoique dans une lettre fameuse en réponse à une lettre de Louis XVIII, demeurée sept mois sans réponse, il eût dit : « Pour rentrer en France, » monsieur, il vous faudrait marcher sur cent » mille cadavres. » Comme le thème de la restitution de la couronne revenait souvent, que, d'une autre part, on parlait trop tôt du rétablissement de la monarchie, Bonaparte *laissa* publier une brochure intitulée *César, Cromwell et Bonaparte*, dans laquelle cette question était discutée. On l'attribua à Lucien ; elle était, en effet, de lui ; mais, *la poire n'étant pas mûre*, on répandit des doutes sur l'auteur, et la brochure disparut. Elle n'avait été que médiocrement bien accueillie.

Au nombre des belles institutions, dont le premier consul dota la France, on doit placer en première ligne la Légion-d'Honneur. Toutefois, cette institution ne fut pas appréciée dès son origine. L'armée, moins républicaine que les hommes de l'intérieur sous la Convention dont elle abhorrait les proscriptions, était, sous le Consulat, plus républicaine que les citoyens appartenant à l'ordre civil. Cette armée, où tant d'exploits devaient être accomplis dans l'espoir d'obtenir la croix, fière de ses triomphes, dédaigneuse de toute assimilation avec *les bourgeois*, ne vit pas d'un bon œil des statuts qui mettaient ses services sur la même ligne que les services civils, tant il est vrai que les hommes d'armes se regardent toujours comme un corps privilégié, comme une noblesse là où il n'y a pas de noblesse légalement reconnue. Il y eut donc des mécontents dans l'armée. Cependant le premier consul s'était conduit dans cette circonstance avec toute la prudence patiente qui présidait à ses actions. Il avait enté la Légion-d'Honneur sur une autre institution jetée en avant comme préparatoire. Les officiers investis de sabres d'honneur furent de droit officiers dans la légion, et la croix simple remplaça pour les soldats les fusils, les baguettes et les trompettes d'honneur. Dans Paris, on vit des jeunes gens parodier le ruban rouge en portant à leur boutonnière des œillets de la même couleur. Disposé à prendre tout au sérieux, Bonaparte s'en irrita et fut sur le point de sévir contre eux, mais Fouché le désarma en lui faisant observer qu'il valait mieux attendre que la saison des œillets fût passée. La chose en resta là. Bonaparte supportait la discussion, quelquefois l'opposition, mais jamais cette opposition si commune en France où la plaisanterie cherche à s'appuyer sur le ridicule ; il ne put pardonner à Moreau la fameuse *casserole d'honneur* dont il proposa, à la suite d'un dîner, de décorer le cuisinier de M. Destillières. Au reste, on eut beau faire, Bonaparte a peut-être été, en France, le seul homme qui n'ait jamais donné prise au ridicule. Et pourtant, que de diatribes contre lui ! Que d'ennemis déclarés ou couverts ! Avec quelle joie, dans les salons aristocratiques que sa tolérance avait rouverts, on répandait sur son compte des inventions grossières ! Ainsi on l'avait déclaré atteint d'épilepsie ; ainsi il prenait du café dix fois par jour ; ainsi, lui, plus méticuleux de propreté que qui que ce fût, il avait, comme le grand Frédéric, du tabac à même ses poches !

On ne se borna pas au ridicule dans le débor-
dement des haines déchaînées contre le premier
consul ; on alla jusqu'à l'odieux ; d'infâmes calom-
niateurs l'accusèrent d'une liaison criminelle avec
sa belle fille Hortense de Beauharnais , et ces
bruits mensongers ne tombèrent même pas quand
Hortense fut devenue la femme de Louis. Sur ce
point son ancien secrétaire Bourrienne, qui alors
ne le quittait pas, a rendu pleine justice à sa mémoire ; c'était la seule calomnie pour laquelle
Bonaparte demandait que la vérité fût rétablie.
Et pourtant dans combien de lieux elle fut long-
temps accréditée ! Disons-le encore une fois ; les
hommes aussi moraux que le fut Napoléon dans
sa vie privée sont rares, et combien il y en a qui
ne succombent point faute seulement d'occasions
de succomber. Ajoutons à ce qui précède combien
furent mal fondées les inculpations dirigées contre
le premier consul quand on l'accusa de la mort
de Toussaint-Louverture , et plus tard , d'avoir
fait étrangler Pichegru au Temple. Rien de cela
n'est vrai, non plus que la prétendue jalousie que
lui causait Moreau. On sait , au contraire , quelle
fut la joie du premier consul quand il apprit le
gain de la bataille de Hohenlinden qui détermina
la conclusion séparée de la paix avec l'Autriche

qui, jusque-là, avait refusé de traiter sans la participation de l'Angleterre, ayant les mains liées par les subsides qu'elle en avait reçus. Chargé des grands intérêts du peuple, il se félicita de cette victoire, en complimenta la famille du vainqueur. Conduite bien digne du consul qui, en annonçant à ses collègues le gain de la bataille de Marengo, avait ainsi terminé sa dépêche : « J'es-
» père que le peuple français sera content de son
» armée. »

Sous le Consulat, Bonaparte commença le cours de ces fréquents voyages dans l'intérieur dont les populations gardent encore le souvenir transmis dans les familles. Rien d'utile qu'il ne se plût à encourager et particulièrement les fabriques dont les produits tendaient à soustraire le commerce au monopole de l'Angleterre. On se rappelle son séjour à Saint-Quentin, dont il raviva les métiers comme il raviva ceux de Lyon quand il se rendit dans cette ville pour y présider la consulte-cisalpine. En même temps il organisait le Piémont.

Dès la seconde année du Consulat, la Malmaison étant devenue trop étroite, on offrit au premier consul Saint-Cloud, comme résidence d'été. Il refusa d'abord et accepta bientôt après. Depuis, ce fut de cette résidence que furent datés les décrets non promulgués des quartiers généraux de la grande armée, ou de presque toutes les capitales de l'Europe et des châteaux impériaux. On ne dit plus que *le cabinet de Saint-Cloud*, en langage de chancellerie. Ce fut à Saint-Cloud que le premier consul reçut, pour la première fois, M. Fox, et qu'un lien d'estime s'établit entre lui et le plus sage des hommes politiques de la Grande-Bretagne. Ce fut à Saint-Cloud que le cardinal Caprara, venu de Rome pour la conclusion du Concordat, officia pour la première fois et baptisa la fille aînée de Junot et le fils aîné de Lannes; ces deux enfants étant tenus sur les fonts de baptême par Napoléon et Josephine. A Saint-Cloud, le premier consul posa pour la statue colossale de Canova; mais, comme le grand artiste l'avait représenté nu, il ne permit jamais qu'elle fût exposée aux regards du public. Que d'autres choses encore à Saint-Cloud! Nous en abrégeons la nomenclature; car il nous faudrait la terminer en disant qu'en 1815 Blücher polluait audacieusement, par sa présence, le cabinet de Saint-Cloud.

Le premier consul, accablé de tant d'affaires, avait encore à pacifier des dissentiments parmi les siens, à déjouer des intrigues. Fouché s'était créé un pouvoir factice élevé sur sa réputation d'habileté plus que sur son habileté même. Dans sa manie de police, il employait ses agents non seulement à surveiller les partis, mais à les exciter pour en rendre la surveillance plus méritoire. De faux rapports arrivèrent au premier consul ; la fausseté lui en fut démontrée, et il frémit d'indignation à la seule pensée que la vie et l'honneur des citoyens pouvaient être compromis par des dénonciations. N'osant remplacer Fouché, il supprima le ministère de la police générale dont il réunit les attributions à celles du ministère de la justice. Il ménagea Fouché au point que, l'ayant nommé sénateur, il notifia en ces termes sa nomination au Sénat : « Ministre de la police dans des » circonstances difficiles, le citoyen Fouché a ré- » pondu par ses talents, par son activité, par son » attachement au gouvernement, à tout ce que » les circonstances exigeaient de lui. Placé dans » le sein du Sénat, si d'autres circonstances re- » demandaient un ministre de la police, le gou- » vernement n'en trouverait point un qui fût plus » digne de sa confiance. » Le premier consul ne pouvait pas avoir confiance en Fouché, précisément à cause de la manière dont il l'avait servi dans les intrigues qui précédèrent le 18 brumaire. On en peut dire autant de M. de Talleyrand, qui alors était dans la plénitude de sa faveur auprès du premier consul. De ces deux personnages, l'un représentait l'ancien régime par ses manières, et l'Assemblée constituante par ses opinions; l'autre, la révolution par ses principes, si toutefois Fouché avait des principes, et la Convention nationale par des actes trop connus ; également ambitieux, également avides d'argent et amoureux d'intrigues, ils se côtoyèrent quinze ans sans se heurter, toujours jaloux l'un de l'autre ; ils se retrouvèrent enfin aux extrêmes limites de l'Empire, tous deux pour trahir l'empereur et le livrer à ses ennemis, cela à un an de distance, laissant ainsi indécise la question de savoir lequel des deux a mérité le prix de fourberie. M. de Talleyrand et Fouché ont joué un si grand rôle sous le Consulat et sous l'Empire que nous avons pensé qu'il serait à propos de leur consacrer ce paragraphe. Une stricte justice nous ordonne d'ajouter que Fouché était méchant et que M. de Talleyrand ne l'était pas.

Quoi qu'il en soit, madame Bonaparte se montra fort affligée de la disgrâce de Fouché. En ce moment, il est vrai, Joseph et surtout Lucien redoublaient leurs persécutions contre la malheureuse femme de leur frère, en qui ils caressaient le désir d'avoir un enfant à lui, et Joséphine croyait Fouché de son parti. Cette idée fit des progrès dans l'esprit du premier consul et ensuite de l'empereur, jusqu'à la catastrophe d'où datent, comme nous l'avons dit précédemment, les malheurs de la France. Madame Bonaparte n'a jamais été l'objet d'aucune prédiction, comme on l'a supposé pour amuser les oisifs; elle n'a jamais consulté mademoiselle Lenormand, cette diseuse de bonne aventure qui a osé se dire l'amie de Joséphine. Toutefois madame Bonaparte éprouvait alors un vague pressentiment de la fatale destinée marquée pour elle au rang suprême; en effet, elle employait son influence auprès de ceux auxquels elle en croyait sur son mari, pour qu'ils le détournassent du dessein *de se faire roi;* on ne trouverait peut-être pas une chaumière en France où il ait été répandu autant de larmes qu'à la Malmaison.

Lors de la fondation du Consulat à vie, le dépouillement des votes donna 3,577,425 suffrages favorables au premier consul. Les opposants furent dans la proportion de 1 contre 45. Il n'y a rien à ajouter à cette grande manifestation populaire. En acceptant, Bonaparte dit : « La vie » d'un citoyen est à sa patrie. Le peuple français

» veut que la mienne tout entière lui soit consa-
» crée. J'obéis à sa volonté. » Ce sentiment ainsi
exprimé se retrouvera dans les deux actes d'abdication de 1814 et de 1815. Il disait encore
dans la même allocution au Sénat : « Le meilleur
» des peuples sera le plus heureux, comme il est
» le plus digne de l'être. » Quel peuple, en effet,
fut plus heureux pendant les dix années qui suivirent ? La vieille Gaule ne compta plus que des
Francs sur son territoire.

Après la rupture de la paix d'Amiens, motivée par le refus d'évacuer Malte, comme l'Angleterre s'était solennellement engagée à le faire,
l'irritation indignée du premier consul alla jusqu'à la colère ; il chassa plutôt qu'il ne le renvoya le lord Withworth. Il fit bien. Son sang
tout français se révolta devant l'insolence britannique. Cependant nous nous rangeons à l'avis de
ceux qui l'ont blâmé d'avoir arbitrairement re-
tenus prisonniers les sujets anglais venus en France
sur la foi des traités. Que si l'on nous opposait
l'exemple de l'Angleterre, ce serait là précisément que nous trouverions une nouvelle cause de
blâme. Gardons dans le cœur toute la noblesse
du mépris et de la haine que doit nous inspirer le gouvernement anglais, et ne nous rava-

lons jamais au point de lui ressembler en rien.

La reprise des hostilités avec l'Angleterre fut immédiate, et immédiate aussi la rentrée de M. Pitt au ministère. Cependant la paix ne fut pas ostensiblement troublée sur le continent. De nombreux et d'inutiles sacrifices ne purent sauver nos colonies, et notamment Saint-Domingue. Les colonies françaises devinrent presque toutes la proie de la Grande-Bretagne. Les ministres anglais, *ces marchands de cabinets*, se livrèrent de nouveau à leur commerce le plus lucratif, en achetant dans la diplomatie européenne les influences à vendre. Toutefois il leur fallut deux ans avant de pouvoir susciter à prix d'or de nouveaux ennemis au premier consul, et en lui à la France. Hambourg devint un foyer d'intrigues, et il s'en établit d'autres dans des états neutres plus rapprochés du Rhin. La rage anglicane, en attendant qu'elle pût soudoyer des ennemis à l'extérieur, armait des assassins à l'intérieur. Elle exploitait à son profit les ressentiments peut-être excusables de l'émigration contre le premier consul. Plus il rendait à la France ses jours de prospérité, plus, en effet, l'émigration devait voir tomber ses illusions sur le retour de ses princes. L'aveuglement de l'esprit de parti fut tel que l'émigration oublia par qui et comment l'élite de ses braves avait été lâchement sacrifiée à Quiberon. Ce n'est point avec des idées révolutionnaires qu'il convient de juger les Vendéens ; il faut imiter le premier consul qui caractérisa leurs guerres en les appelant des guerres de géants. A la distance où nous sommes des événements, l'impartialité n'a plus rien qui puisse froisser des opinions plus nationales que celles des Français du dehors ; bien entendu que nous ne donnons point la qualité de Français aux intrigants et encore moins aux assassins, mais nous ne pouvons oublier qu'aucune bataille gagnée ne réjouit autant l'âme du premier consul que la pacification de la Vendée. On sait l'accueil qu'il fit aux chefs vendéens, quand, après leur soumission, ils vinrent à Paris, quelles offres de service il fit à quelques-uns de ces chefs, et certes il avait le cœur trop haut placé pour retirer son estime à ceux qui préférèrent de demeurer fidèles à une cause malheureuse et que l'on devait croire perdue, plutôt que de grossir le nombre de ses serviteurs douteux ou en expectative. On sait que Georges Cadoudal, sous un déguisement, put assassiner le premier consul, et qu'il ne le fit pas.

Tous les moyens étaient bons à l'Angleterre

pour arriver à ses fins. Les feuilles ministérielles de Londres faisaient chaque matin assaut de diatribes furieuses contre le premier consul et contre la France ; elles atténuaient nos forces et couvraient la France d'ennemis de Bonaparte ; la trop facile confiance de l'émigration crut à une circonstance favorable pour replacer la couronne sur la tête de ses maîtres ; des entremetteurs à double face, sous le prétexte de rendre compte au premier consul de l'attitude des Bourbons en Angleterre, en recevaient des sommes considérables et des saufs-conduits. De l'autre côté de la Manche, leur rôle changeait, sans cesser d'être également infâme. Là, pour inspirer de la confiance aux princes, ils caressaient à prix d'or leurs espérances et les flattaient en aplanissant des difficultés qu'ils savaient être insurmontables. Ainsi les Janus de la police qui, en réalité, ne servaient que l'Angleterre, exaspéraient le premier consul contre des projets non encore formés, et donnaient un corps à la vanité de ces mêmes projets, en faussant la vérité sur la France et le premier consul. D'une autre part, il est vrai que de clairvoyants républicains s'agitaient en présence d'un dénoûment prévu ; à eux se joignaient des ambitions déçues, tous les fauteurs d'intrigues, tous les ennemis de l'ordre public, et quelques chefs, comme Pichegru, trop compromis pour ne pas tout risquer.

Tel était l'état des choses dans l'hiver de 1803 à 1804. Des émigrés, parmi lesquels on citait les deux frères Polignac et M. de Rivière ; des Vendéens, sous la direction de Georges Cadoudal, étaient en France ; la police le savait, car elle avait contribué à les y attirer à leur insu. Pichegru y était aussi. On les crut tous à Paris, et l'on ne se trompait pas ; mais la police officielle, *celle que ne dirigeait plus Fouché*, ignorait leur retraite ; on finit cependant par les découvrir et les arrêter tous, non sans beaucoup de difficulté. Pendant ces recherches, on ferma les barrières, et Paris reprit un air sombre et taciturne qu'il n'avait pas eu depuis le Directoire. Sur ces entrefaites, le nom de Moreau se trouva impliqué dans la conspiration ; on fit courir le bruit que le duc d'Enghien avait fait plusieurs apparitions à Paris, ce qui était faux ; on inventait fables sur fables pour rendre la vérité insaisissable ; on allait jusqu'à dire que le premier consul et le prince s'étaient rencontrés une nuit chez une belle actrice que Bonaparte avait en effet remarquée. On sut que le duc d'Enghien résidait à Ettenheim dans le grand-duché de Bade, tout près du Rhin. La proximité du prince fit naître des soupçons que sembla confirmer la présence à Paris des émigrés et des Vendéens arrêtés. En même temps le nom de Moreau, qui conservait un parti puissant dans l'armée, motiva les alarmes du premier consul. Il résolut d'en finir.

Dans toute cette affaire, il y eut de la fatalité et une complication de circonstances qui présentent encore du doute à ceux qui recherchent la vérité dans le but unique de la restituer à l'histoire. Moreau, d'un caractère faible, loin de son armée, s'était laissé compromettre, mu par des intrigues de femmes. Pichegru se fit justice en s'étranglant dans sa prison ; les autres conjurés payèrent de leur vie ou d'un temps plus ou moins long de détention une culpabilité légalement constatée, mais peut-être problématique. Nous avons du doute et nous l'exprimons dans la plénitude de notre conscience. Y avait-il, en effet, un dessein arrêté d'assassiner le premier consul ? Dans ce cas, justice fut faite, et il n'y a rien à dire. Mais si seulement, comme quelques bons esprits l'ont pensé, les conjurés n'étaient encore que des émissaires d'observation, chargés de faire connaître aux princes abusés l'état réel des choses en France pour les prémunir contre les colporteurs de mensonges, nous ne dirions pas qu'ils étaient innocents, puisqu'ils avaient enfreint la loi qui leur interdisait le sol de la patrie, mais nous regretterions que la peine de mort leur ait été appliquée par des considérations politiques. Dans le doute, nous préferons toujours l'indulgence par des considérations d'humanité.

Pour placer à son époque précise la mort du duc d'Enghien, il nous aurait fallu scinder le procès dont nous venons de parler. Ici nous ne trouvons point d'excuses, parce que nous nous rappelons quelle consternation nous avons vue empreinte sur tous les visages aussitôt que la nouvelle s'en fut répandue dans Paris : c'était le jugement du peuple. Dans cette cruelle circonstance, il se montra sévère, mais juste ; il plaignit la victime, il plaignit aussi son héros, dont la gloire était victime d'une erreur et d'une précipitation qu'il n'avait point ordonnée. Le premier consul en gémit en secret, mais sa fierté dédaigna de gourmander ses serviteurs, toujours dans la crainte de laisser croire à la possibilité d'agir sans sa volonté expresse. Quand une action paraît douteuse dans la vie d'un grand homme, on l'explique mieux en consultant son caractère qu'en cherchant à concilier des versions contradictoires. A qui profitait le crime? aux régicides. Ils savaient ce que pensait d'eux le premier consul, qui ne s'en cachait guère; il était resté pur de tous les excès de la révolution, on voulut l'y associer, on voulut qu'il donnât un gage de sang bourbon aux meurtriers de Louis XVI.

Tout fut irrégulier dans cette malheureuse affaire. L'enlèvement du prince dans un pays en paix avec la France ne peut être considéré que comme une flagrante violation de territoire. Après l'exécution du jugement la forme en fut rectifiée. L'ordre de l'enlèvement fut donné, il est vrai, par le premier consul, et à lui cette faute. La mise en jugement suivit immédiatement l'arrivée du prince à Vincennes, le 19 mars au soir; la commission militaire jugea pendant la nuit du 19 au 20; le 20, à six heures du matin, le jugement était exécuté et le prince fusillé. Ces dernières circonstances ne sauraient lui être attribuées, mais seulement à un zèle abominable. Le duc d'Enghien avait écrit au premier consul; il lui demandait une entrevue; si le premier consul eût reçu la lettre que l'on dit avoir été remise à M. de Talleyrand, nul doute qu'il n'eût bien accueilli le descendant du grand Condé, dont il avait fait placer la statue aux Tuileries ; nul doute dès lors qu'après un entretien Napoléon n'eût écouté sa générosité naturelle. Que n'en fut-il ainsi ! Rien ne tacherait une vie si grande et si belle ; mais la révolution n'eût pas attaché à son passé comme un complice forcé celui que nous allons voir sous son règne impérial enchaîner l'esprit révolutionnaire, qui n'osera remuer avant sa chute.

IV.

L'Empire.

Le Consulat fut, si l'on peut ainsi dire, le programme de l'Empire. Il nous importait d'en exposer les phases d'une manière aussi complète qu'il nous était possible de le faire en peu de mots, car toutes les grandes pensées de Napoléon y sont en germe et déjà se développent de telle façon que l'Empire existait de fait avant que le titre d'empereur ait été fondé sur un droit, délégué par le Sénat sur la motion du tribun Curée, approuvé par le Corps législatif et sanctionné par le peuple, dont le vote se manifesta par quatre millions de suffrages. Dans la réalité, rien ne fut changé en France ; il n'y eut que des titres de plus et malheureusement une cour.

Comme à cette époque le développement public des idées était contenu par le mutisme de la presse, et que ces idées comprimées ne sont pas moins importantes à recueillir que les faits, nous devons dire pourquoi, mues par des prévoyances diamétralement opposées, deux fractions de citoyens ne virent point sans alarmes la dictature consulaire transformée en omnipotence impériale.

Depuis la mort de Louis XVI, l'Angleterre n'avait reconnu aucun des gouvernements qui s'étaient succédé en France ; en traitant de la paix à Amiens, en concluant une trêve à laquelle on donna le nom de traité, elle avait reconnu le nouveau gouvernement, et dès lors c'était une chose acquise que la Grande-Bretagne ne considérait les Bourbons que comme un prétexte et non comme une cause de guerre. La reprise des hostilités ne changeait rien à cela.

Le parti royaliste, représenté par un comité presque avoué, mais prudent, et qui n'avait rien de commun avec les énergumènes de la *lanterne blanche*, avait accepté le Consulat comme un gouvernement de fait, et le premier consul comme le restaurateur de la religion, de l'ordre, des mœurs et des idées monarchiques. Le comité royaliste comptait parmi ses membres des hommes sages et d'un grand mérite, tels que M. de Clermont-Gallerande et M. Royer-Collard ; certes, ils n'étaient ni des conspirateurs ni des ennemis de la France ; ils attendaient tout du temps, trouvaient le pouvoir déposé en bonnes mains et regardaient le Consulat comme un établissement transitoire destiné à servir d'intermédiaire entre la révolution muselée et la restauration de la monarchie. Leur espérance était précisément l'objet de craintes sincères chez quelques hommes intègres et dévoués à Bonaparte par attachement à la France et aussi par attachement à sa personne et à la liberté. Ces derniers résumaient leur pensée dans cette phrase concise et prophétique : « Bonaparte » refait le lit des Bourbons. »

Telle était la cause, non pas de leur opposition ouverte, mais de quelques remontrances mal accueillies et d'alarmes sur la durée d'un pouvoir qui suffisait à la France. Déjà à l'époque du Consulat à vie le mot d'hérédité, jeté trop tôt en avant, avait été mal reçu dans les provinces, ainsi que l'attestèrent les correspondances confidentielles des autorités. Adoptant un biais, le Sénat concéda seule-

ment au premier consul le droit de désigner son successeur ; malheureusement ce n'était pas là l'affaire
de ses frères, qui ne pouvaient rien être dans l'État
tant que le gouvernement conserverait une forme
et une dénomination républicaines ; ils assaillaient
incessamment le premier consul pour qu'il fondât
en sa personne une dynastie nouvelle qui les élèverait au rang de princes français, et comme lui-
même il n'avait que trop de pente à franchir ce
dernier pas, le titre d'empereur fut substitué au
titre de premier consul. Toutefois, quelques
transitions furent encore adroitement ménagées ;
ainsi il y eut, si l'on peut ainsi s'exprimer, mariage entre la veille et le lendemain, si bien que
Bonaparte s'intitula : *Empereur de la République française.* Les monnaies conservèrent l'inscription de *République française* au revers, et
présentèrent de l'autre côté l'effigie de *Napoléon
empereur.* Ce ne sont pas choses de peu d'importance que ces détails, parce qu'ils montrent cet
esprit de prudence dans la marche et de persévé-
rance vers un but déterminé qui faisait partie
intégrante du génie de Napoléon.

Maintenant, profitons d'une réserve que nous
nous sommes ménagée à dessein pour avoir aussi
une transition naturelle du Consulat à l'Empire.

Cela nous était nécessaire pour ne point tronquer ce que nous avons à dire du camp de Boulogne, depuis sa fondation vers l'automne de 1803, après la rupture avec l'Angleterre jusqu'à sa levée au printemps de 1805. Le souvenir du camp de Boulogne vivra éternellement dans l'histoire, comme ces vieux débris des camps de César qui jonchent encore le sol de la France.

La foi britannique venait de se signaler par des exploits dignes d'elle; en guerre avec la France, elle s'empara des établissements hollandais de Surinam, de Demérari et Essequebo. C'était vers la fin de 1803. Déjà on parlait d'un projet de descente en Angleterre que, sans aucun doute, le premier consul n'eut jamais le dessein d'exécuter; mais il voulait rassembler une armée nombreuse sur un point, inquiéter la Grande-Bretagne, tenir le monde en suspens, et donner en même temps un véhicule au patriotisme de la France. Il connaissait assez l'esprit des populations, la généreuse irritation causée par l'inexcusable conduite du gouvernement anglais, pour ne pas savoir qu'il n'obtiendrait pas le même enthousiasme sur les bords du Rhin que vis-à-vis des côtes de l'Angleterre; d'ailleurs, n'étant en guerre ni avec l'Autriche ni avec la Prusse, rien n'aurait motivé la présence d'une armée dans le voisinage de leurs frontières. Bonaparte voulut seulement que l'on crût à la réalité d'un projet de descente, et l'on y crut si bien, cette croyance même est encore aujourd'hui tellement accréditée que la vérité n'en triomphera peut-être jamais complètement. Qui veut convenir qu'il s'est trompé ou qu'il a été trompé? Quoi qu'il en soit, les dons patriotiques se multiplièrent de toutes parts; les villes, les communes, les corps de l'État, les autorités constituées, un grand nombre de particuliers riches et pauvres envoyèrent leur offrande, et partout on vit les ouvriers occupés à la construction de chaloupes canonnières destinées à servir de bâtiments de transport.

Tant que dura la réunion des troupes au camp de Boulogne, ce fut réellement une chose merveilleuse que l'activité du premier consul et ensuite de l'empereur. On peut dire qu'il y était toujours présent, et en même temps, toujours présent aux Tuileries ou à Saint-Cloud, tant étaient rapides et fréquents ses voyages de la capitale au camp et du camp à la capitale. Au camp, il façonnait ses soldats à l'instar des soldats romains, les employait aux travaux de terrassement, aux constructions de défense sur le bord de la mer, sans que les exercices militaires en souffrissent ; il leur faisait faire une rude application des théories émises par lui à seize ans lors de son entrée à l'École-Militaire de Paris. Pas un murmure, pas une plainte. Loin de là, les soldats, qui l'adoraient comme un Dieu, travaillaient avec joie, se trouvant plus que recompensés par sa présence ou par un mot d'approbation. Sa puissance magique les fascinait comme un talisman, et pourtant, voyez ce qu'est l'esprit du soldat français, Bonaparte eut beaucoup de peine à obtenir d'eux le sacrifice de leur chevelure. Les soldats du camp creusèrent le port de Boulogne, et achevèrent, à Ambleteuse, les travaux commencés par Louis XVI, et interrompus depuis la révolution.

Pour se rendre au camp, Bonaparte partait pendant la nuit et s'arrêtait le lendemain matin à Chantilly, où il déjeûnait en hâte chez le maître de poste ; il soupait à Abbeville et arrivait le lendemain de très-bonne heure au pont de Brique. Rapp l'accompagnait ordinairement dans ces excursions. Rapp disait à un de ses amis : « Il » faut être de fer pour résister au métier que nous » faisons : à peine sommes-nous descendus de » voiture que c'est pour monter à cheval, et nous

» y restons avec le premier consul quelquefois
» dix et douze heures. Il voit tout, examine tout,
» cause souvent avec des soldats; aussi comme ils
» l'aiment ! »

Si l'on perdait l'itinéraire de courses conti-
nuelles de Napoléon dans tous les sens à travers
l'Europe, on le retrouverait dans la collection
des arrêtés consulaires et des décrets impériaux.
Il suffirait seulement d'en consulter les dates. Déjà
au camp de Boulogne, il affecta de signer des
arrêtés en l'absence de ses collègues au Consulat
que l'opinion, d'accord avec le premier consul,
reléguait dans l'isolement. Sous le Consulat, on
regardait M. de Talleyrand comme le second
personnage de la République. Sans couronne,
Bonaparte était plus roi qu'aucun autre souverain de l'Europe. Déjà, dans la cérémonie qui
eut lieu au Sénat, quand il s'y rendit pour la première fois, pour prêter serment comme consul à
vie, il s'était fait rendre les honneurs souverains.
On avait vu la garde des consuls former la haie
depuis les Tuileries jusqu'au Luxembourg, et
Bonaparte, précédé et suivi de ses guides, des
grenadiers à cheval, entouré d'un nombreux et
brillant état-major, faire le trajet dans une voiture à huit chevaux, privilége des seuls rois de

France. En outre, dans le cérémonial, il avait déterminé qu'une députation de dix sénateurs viendrait le recevoir à son arrivée et le reconduirait à son départ. Quelques sénateurs, pour prévenir ce qu'ils prévoyaient, avaient proposé d'étendre au second et au troisième consul le bénéfice viager de leurs fonctions, pensant que cela assurerait la prolongation du Consulat, mais leurs voix furent étouffées. Le premier consul, en échange de ces complaisances, fonda les sénatoreries, au détriment des conseillers d'État jusqu'alors chargés de missions dans l'intérieur. Il y eut une sénatorerie par circonscription de cour d'appel. Le premier consul créa aussi des auditeurs au Conseil-d'État qui, dans l'origine, furent au nombre de seize, et il remplaça le Prytanée par des écoles militaires. Ces circonstances ne nous avaient point échappé en parlant du Consulat, mais elles étaient trop sur le seuil de l'Empire pour les en séparer; elles composaient cet échafaudage extérieur, si bien deviné par madame de Clermont-Tonnerre, derrière lequel était édifié le monument. Nous ajouterons, pour compléter ce retour vers un passé que l'on quitte à regret, que les signes extérieurs de royauté furent longtemps plus visibles à Saint-Cloud qu'aux Tuileries, comme si le premier consul eût voulu d'abord y accoutumer les regards sur une échelle moins grande. Madame de Larochefoucauld et quelques autres dames du palais composaient auprès de madame Bonaparte le noyau de cette cour future, destinée à égaler la splendeur de la cour de Louis XIV; et s'il n'y avait pas encore des chambellans, des écuyers, un grand maître et des maîtres de cérémonies, des introducteurs d'ambassadeurs en titre, tout cela s'était façonné dans la personne des préfets du palais. Duroc avait la haute direction de la maison du premier consul, et préludait ainsi aux fonctions de grand maréchal du palais, tandis que les aides-de-camp suppléaient à l'absence d'écuyers. La plupart des émigrés rentrés faisaient au premier consul une cour assidue, tout en se moquant de la gaucherie de quelques habitués du palais; aux Tuileries, l'affluence des étrangers était considérable; sur les costumes et les uniformes, les broderies d'or et d'argent s'élargissaient à vue d'œil; le premier consul, au milieu de tant de graves occupations, trouvait du temps pour contrôler la toilette des femmes, et sa mémoire, même appliquée aux futilités, était telle qu'il voyait quand une robe avait paru plusieurs fois au cercle de madame Bonaparte, et il ne manquait jamais d'en faire des reproches un peu trop brusques aux dames qui en étaient revêtues. La vérité est que Bonaparte aimait à répandre l'argent, mais il voulait en même temps qu'on le dépensât ; c'était un moyen de le faire revenir au peuple par la voie du travail. Plusieurs fois il changea le costume du Sénat pour contraindre les sénateurs à se faire faire des habits et des manteaux neufs. A l'un d'eux qui n'avait pas de voiture il en donna une, il fallut bien que celui-ci entretînt des chevaux et un cocher. « Est-» ce pour qu'ils vivent comme des ladres, disait-» il un jour, que j'ai fixé à trente-six mille francs » par an le traitement des sénateurs ? »

Soit faiblesse, soit plutôt calcul, Bonaparte aimait, peut-être un peu trop, ce qui parlait aux yeux ; il lui fallait un état-major éblouissant pour qu'il y brillât par sa simplicité. Quoiqu'il aimât l'égalité, autant qu'il appréciait peu les avantages de la liberté, les noms historiques, ceux auxquels se rattachaient de beaux souvenirs de gloire, exerçaient sur lui une certaine influence ; il était logique dans sa pensée, à lui qui voyait l'immortalité de l'âme dans le retentissement d'un nom prolongé jusque dans la postérité la plus reculée, qu'il saluât ce retentissement attaché à des noms illustres. Le prince Borghèse, étant venu à Paris, il voulut l'avoir pour beau-frère, et le maria en effet à sa sœur Pauline, devenue veuve du général Leclerc, mort à Saint-Domingue. Croirait-on qu'il parut alors très-flatté de cette alliance ? Nous citerons un autre fait que nous croyons échappé aux recherches des historiens de Napoléon. Ce fait le caractérise sous plus d'un rapport.

Lors de la conspiration de Georges, Moreau et Pichegru, chaque jour Réal, chargé de la police durant *l'interrègne* de Fouché, présentait au premier consul des listes de personnes dénoncées comme y étant affiliées. Bonaparte examinait scrupuleusement ces listes et les diminuait considérablement ; car, on ne saurait trop le répéter, tout en laissant agir les polices qui le circonvenaient souvent à son insu, il exécrait tout ce qui était police. Son soleil à lui dédaignait d'éclairer les bas souterrains de son gouvernement. Un jour, ayant remarqué sur une liste le nom de la duchesse de Gèvres : « Ah ! ah ! dit-il, voilà, » ce me semble, un grand et beau nom. — Ci- » toyen premier consul, c'est la dernière descen- » dante de Duguesclin. » A ce nom le premier consul s'écrie : « On vous a trompé. La descen-

» dante de Duguesclin !... Citoyen Réal, je vous
» le répète, vos agents vous ont fait de faux rap-
» ports. Ils en ont menti. Je devrais les faire
» jeter dans la Seine... Sachez qu'il n'est pas pos-
» sible qu'une descendante de Duguesclin ait con-
» spiré contre moi ! » S'étant radouci, le premier
consul demanda à Réal quelle était la position de
madame de Gèvres. Ayant appris qu'elle était fort
malheureuse, il voulut la voir. Dans l'audience
qu'il lui donna, le premier consul ne lui dit pas
un mot qui eût trait à la conspiration, et elle
sortit de son cabinet avec la promesse d'une pension de six mille francs, dont la duchesse de Gèvres fut exactement payée sur la cassette de Napoléon jusqu'au mois d'avril 1814. Lui fut-elle
conservée ?

Nous pourrions citer beaucoup de faits du
même genre où éclate toujours cette haute intelligence de Nopoléon, ce calcul puissant chez l'héritier de la grandeur souveraine de Louis XIV
d'abord, et bientôt après, de Charlemagne. Il ne
voulait pas que l'on crût possible que la dernière
descendante d'un grand homme ait conspiré contre
un grand homme. En même temps, il caressait
le faubourg Saint-Germain pour lequel il eut
peut-être une prédilection trop marquée.

Dans ses voyages, Napoléon se plaisait à accorder des grâces, des faveurs; il écoutait les vœux de tous, se faisait rendre compte de tout en échange des honneurs royaux qu'il trouvait toujours échelonnés sur sa route. Ainsi, passant à Amiens, il reçut de cette ville l'offrande de deux beaux cygnes blancs. Ce n'était rien et c'était beaucoup. Placés sur un bassin des Tuileries, ces deux cygnes blancs apprirent aux Parisiens que c'était une vieille redevance de la ville d'Amiens aux rois de France quand ils passaient dans l'ancienne capitale de la Picardie. Partout sur la route, il trouvait des gardes d'honneur improvisées qui lui servaient d'escorte d'une ville à une autre. Voici comment Duroc racontait l'entrée du premier consul dans le département de la Somme et son séjour à Amiens : « Quand » nous arrivâmes, vers onze heures du matin, » sur les limites du département de la Somme, » nous trouvâmes un grand arc de triomphe tissu » en branchages verts; là, était réunie une immense » population; les hommes, les femmes, les en- » fants des villages voisins se pressaient sur toute » la route, et s'empressaient pour voir le pre- » mier consul. Ce qui nous a bien ennuyés, c'est » la nécessité d'entendre dans toutes les villes,

» dans toutes les communes, les compliments des
» autorités. Tu sais combien cela ennuie le géné-
» ral ; eh bien, il n'a jamais eu l'air plus gai, plus
» satisfait, que pendant ces fastidieuses cérémonies.
» Nous arrivâmes à Amiens à six heures du soir,
» partout des transparents, des inscriptions ; et le
» soir illumination générale. Le lendemain, nous
» allâmes voir les produits de l'industrie du dépar-
» tement. Le général dit en entrant avec ce ton
» solennel que tu lui connais : — Je vois avec plaisir
» le résultat de vos utiles travaux ; habitants du dé-
» partement de la Somme, je suis content ; *le tra-*
» *vail assure à la fois le repos de la société et le*
» *bonheur de l'individu.* » C'est la même pensée
exprimée en d'autres termes deux ans auparavant
devant les élèves du Prytanée.

Maintenant, il nous reste à dire que ce qui
précède est extrait d'une lettre de Duroc, le meilleur ami qu'ait eu Napoléon, le plus fidèle et le
moins flatteur. Cette lettre était adressée à Bourrienne qui venait de cesser ses fonctions de secrétaire
du premier consul pour des causes fort contro-
versées ; seulement nous ferons observer que Bourrienne était dans les intérêts de madame Bonaparte, et que son successeur, **M. Menneval**, qui
toujours se montra si digne de la confiance de

Napoléon, fut placé auprès du premier consul par Joseph. Ah! si Napoléon n'avait pas eu de famille! Peut-être n'y eut-il pas eu d'Empire, mais, ni la France ni Napoléon n'en eussent été moins grands. Dans un voyage en Belgique à la fin de 1803, le premier consul fit venir pour la première fois à Bruxelles les acteurs de la Comédie-Française; ainsi, comme on le voit, et c'est ce que nous avions à cœur de démontrer, l'Empire existait, lorsqu'au mois de juin 1804 Napoléon fut proclamé empereur.

Son avénement au trône fut marqué par des grâces accordées à quelques condamnés à mort, à la suite de la précédente conspiration ; de ce nombre, furent l'aîné des Polignac et le marquis de Rivière. Un puissant intérêt s'était attaché à eux pendant les débats. Moreau, condamné à deux années d'emprisonnement, put quitter la France, et se retira aux États-Unis d'Amérique d'où il ne revint en 1813 que pour recevoir à Dresde, d'un boulet français, le juste châtiment du crime de porter les armes contre la France. Disons en passant que ce serait injurier l'émigration que de lui comparer Moreau. L'émigration, dans l'erreur sans doute, pouvait jusqu'à un certain point considérer ses rois comme représentant la France;

tandis que Moreau ne fut qu'un transfuge, et ne combattit pour aucune autre cause que celle de sa haine.

L'hiver de 1802 à 1803, pendant la paix, avait été signalé, comme nous l'avons dit, par l'aspect d'un bonheur inaccoutumé. Nous n'avons pas dissimulé que l'hiver suivant ne lui ressembla pas, mais, sauf la mort violente du duc d'Enghien, dont le souvenir si récent ne pouvait être effacé, tous les nuages disparurent devant l'astre impérial. Le peuple adopta le nouvel empereur comme il avait adopté le consul. Paris présenta le spectacle d'une fête sans fin ; partout des divertissements publics ; partout la manifestation d'une joie sincère, mais peut-être imprévoyante. L'aigle, destinée à étendre son vol victorieux sur tant de capitales, à planer sur tant de champs de batailles, remplaça sur les drapeaux et dans les armoiries impériales les insignes déjà modifiés de la République. Les soldats, fiers de leur empereur, le saluèrent César par des acclamations sans égales. La garde consulaire, déjà si dévouée, poussa dès lors le dévouement jusqu'au fanatisme, et ne se démentit jamais tant que dura cette armée d'élite dans une armée incomparable. Ce fut une splendide cérémonie que celle où l'em-

pereur distribua au camp de Boulogne les aigles
à son armée, la première fois qu'il alla la visiter
après l'érection de l'Empire. Électrisée comme
elle l'était, comment cette armée n'eût-elle pas
été invincible aussitôt qu'elle trouverait des ennemis à combattre? Elle s'irritait de la mer qui la
séparait du sol britannique. Elle rêvait moins
Londres et ses richesses que la gloire d'abaisser
l'orgueil anglais. Les courses à Boulogne, l'inspection des côtes du Nord, depuis Cherbourg jusqu'à Dunkerque, ne furent pas moins fréquentes
qu'elles ne l'avaient été pendant les six derniers
mois du Consulat. En même temps, que de choses à Paris!

Napoléon s'occupa de l'organisation de la
maison impériale. Dans cette organisation, on vit
miraculeusement réunis le plus grand ordre et la
plus somptueuse magnificence : on vit revivre
parmi les grandes dignités de l'Empire et de la
couronne des dignités tombées en désuétude
long-temps avant le règne de Louis XIV et qui
faisaient remonter l'Empire jusqu'au temps de
Charlemagne; telles furent les charges de grand-
électeur et de grand-connétable de l'Empire,
octroyée, l'une à Joseph, et l'autre à Louis. L'empereur leur adjoignit peu après M. de Talleyrand

et **Berthier** en qualité de vice-grand-électeur et de vice-grand-connétable avec rang de grands dignitaires de l'Empire ; **Murat** fut grand-amiral. Il y eut aussi un grand-écuyer, Caulaincourt, cet homme de tant de mérite et qui appartenait au petit nombre de ceux qui servirent l'empereur avec trop de loyauté pour le flatter jamais ; un grand-chambellan, **M.** de Talleyrand, et plus tard **M.** de Montesquiou. Les deux consuls furent transformés, l'un en archi-chancelier, l'autre en archi-trésorier de l'Empire. Lebrun s'était volontairement effacé de la cour, d'où il se tenait éloigné ; Cambacérès se plaisait, au contraire, à étaler en public ce qu'il croyait être de la popularité, et se faisait volontiers courtisan après avoir été presque roi. Cependant il garda en quelques circonstances un peu plus de franc-parler que la foule des courtisans. **M.** de Ségur fut nommé grand-maître des cérémonies. Comme on le voit, toutes ces dénominations, empruntées à la féodalité ou à l'ancienne monarchie, étaient précédées du mot *grand*. Au milieu de toutes ces grandeurs nominales, l'empereur seul était grand. Ces chefs de l'Empire, ces hauts dignitaires des antichambres impériales eurent au-dessous d'eux, mais toujours faisant partie de ce que l'on appela

14.

le service d'honneur, une nuée de chambellans et
d'écuyers, d'introducteurs d'ambassadeurs, de
maîtres et d'aides des cérémonies dont les noms
étaient pour la plupart inscrits dans le nobiliaire
de d'Hozier. Aussi Napoléon disait-il : « Je leur
» ai offert du service, ils n'en ont pas voulu ; je
» leur ai ouvert mes antichambres, ils s'y sont
» précipités en foule. »

Jusqu'à un certain point on pourrait regarder
ces hochets honorifiques comme des fleurons nécessaires à une couronne destinée à jeter tant
d'éclat. La maison de l'impératrice peut aussi
paraître un complément indispensable de la maison de l'empereur ; il n'y a point de cour possible sans femmes, car sans femmes il ne saurait
exister ni politesse ni urbanité, surtout dans une
cour essentiellement militaire comme l'avait été
jusque-là celle de l'empereur. Qu'environné de
ces honneurs factices, Napoléon ait voulu aussi
en entourer sa mère, cela se conçoit encore. Il
ne cessa jamais d'être un fils respectueux, et
quand la rigueur de l'étiquette n'admit plus de
fauteuils aux Tuileries pour les rois et les reines
de famille, il y eut toujours un fauteuil pour
madame-mère. Mais qu'il ait fallu *une maison*,
des écuyers, des chambellans, des dames d'hon-

neur, des dames pour accompagner, aux membres de sa famille, voilà ce qui justifiait le plus ceux qui regrettaient la transformation du Consulat en Empire. Cela prêtait au ridicule, et dans le temps on s'amusa beaucoup d'une grave discussion survenue entre deux des sœurs de l'empereur. Pauline et Caroline, devenues princesses, comme Joseph, Louis et Jérôme étaient princes, non pas pour s'être donné la peine de naître, mais pour s'être donné la peine d'être les frères et les sœurs d'un grand homme, se disputaient un jour sur la qualité nobiliaire de leurs chambellans ; le plaisant de cette dispute est que Caroline croyait M. d'Aligre un grand seigneur, et que Pauline ignorait que l'ancien duc de Clermont-Tonnerre en était un.

Laissons de côté ces institutions, dont le plus grand inconvénient consiste à ouvrir et à entretenir des écoles de flatterie, à alimenter des foyers d'intrigue, occupons-nous d'une fondation ou plutôt d'une rénovation plus sérieuse : la création du corps des maréchaux d'Empire. Là, du moins, on vit réunies des grandeurs glorieusement acquises, dont le faisceau put être noblement comparé aux douze pairs de Charlemagne. Le nombre en fut fixé à seize, dont quatre choisis parmi les

généraux sénateurs : Perrignon, Serrurier, Kellermann et Lefebvre. L'empereur fit exclusivement tomber ses choix sur des généraux précédemment investis d'un commandement en chef;
aucun ressentiment ne lui fit prononcer une exclusion. Parmi ces noms, dont les titres nobiliai-
res rappelleront les lieux où la victoire leur conféra par avance le bâton de maréchal, en tête de
la liste était Moncey, duc de Conégliano, doyen
dès l'origine, et qui vit encore; Brune, resté
M. Brune; Jourdan, créé seulement comte;
Masséna, duc de Rivoli; Bernadotte, prince de
Ponte-Corvo; Ney, qui irait chercher son duché
d'Elchingen dans la prochaine campagne d'Autriche, en attendant la principauté de la Moskowa, en même temps que Davoust prendrait
l'investiture du duché d'Auerstaëdt, en attendant
aussi la principauté d'Eckmull; Berthier, prince
de Neufchâtel; Murat, futur roi de Naples,
après avoir porté la couronne ouverte du grand-
duché de Berg; Lannes, duc de Montebello;
Bessières, duc d'Istrie; Victor, duc de Bellune,
et Augereau, duc de Castiglione. Voilà des hommes que l'empereur pouvait être fier de présenter à ses amis et à ses ennemis. Tous ne lui furent
pas fidèles au jour des grands revers, mais leurs

torts, disons-le pour n'avoir point à revenir sur cette page douloureuse, ne furent point égaux aux torts de ceux dont la fortune s'était élevée à l'ombre de Napoléon. Les premiers maréchaux avaient servi la République avant lui ; avant lui ils avaient commandé des armées, fixé la victoire sous nos drapeaux ; pas un d'eux certes ne l'égalait en génie, mais tous l'avaient exhaussé sur le pavois avec de certaines conditions ; avant la gloire de Napoléon, ils avaient servi une France pour laquelle leur sang avait coulé dans cent combats ; peut-être crurent-ils retrouver cette France. Nous soulevons ces questions que nous nous gardons bien de résoudre ; nous les livrons à la justice du peuple, la seule qui soit impartiale quand elle ne prend de conseils que de la conscience. Replaçons-nous maintenant au milieu des splendeurs du naissant Empire, qui tout à l'heure va recevoir sa consécration des mains du chef de la chrétienté.

Sauf l'Angleterre, toutes les autres puissances de l'Europe étaient en paix avec la France. Les hostilités avec l'Angleterre se bornaient à quelques rencontres en mer où, à nombre égal, nos marins avaient constamment l'avantage. Le continent n'en était pas troublé ; la presse n'étant pas libre, les nouvelles ne donnaient pas lieu à d'inutiles, souvent à de dangereuses discussions. Le thermomètre de la prospérité publique était d'ailleurs là pour indiquer la prospérité croissante de la France. Les rentes, que nous avons vues à 7 fr. 50 c. avant le 18 brumaire, s'étaient élevées à 55 fr., et il y eut cela de remarquable que la rupture de la paix d'Amiens n'influa point sur le cours des fonds français, tandis qu'à Londres les fonds anglais tombèrent de quatre pour cent. L'empereur avait la plus grande foi dans cet indicateur de la confiance publique, et l'on peut remarquer qu'à chaque pas qu'il fit vers la souveraine puissance, les fonds montèrent, ce dont il se faisait un argument contre ceux qui trouvaient sa marche trop rapide.

Depuis le Concordat, la France avait toujours été, du moins ostensiblement, dans les meilleurs termes avec la cour de Rome; il y eut bien quelques intrigues cachées, quelques cas de conscience suscités par des espérances déçues, par des susceptibilités plus mondaines que religieuses, mais enfin l'empereur gagna la grande partie. Il fut arrêté d'un commun accord que le pape viendrait à Paris pour y sacrer l'empereur. C'était un événement immense, en dehors de toutes les idées modernes et dont on ne trouvait l'événement analogue qu'en remontant le cours des siècles. Qu'allaient dire les royalistes? monarchiques et pieux, lequel de leurs deux principes sacrifieraient-ils à l'autre quand ces deux principes seraient devenus incompatibles? L'infaillibilité du pape serait-elle la plus forte, ou bien le dogme humain de la légitimité? Cela donna lieu à beaucoup de controverses où les intérêts l'emportèrent, comme cela arrive toujours, sur les convictions. Néanmoins, dans les provinces surtout, beaucoup d'âmes sincèrement pieuses se rattachèrent à celui qui allait être l'oint du Seigneur.

A Paris on ne parlait que de la venue du pape. L'empereur alla au-devant de lui jusqu'à Fontainebleau, devenu palais impérial en cessant d'être affecté à une école militaire. Le pape et l'empereur s'étaient déjà vus en Italie, l'un étant évêque d'Imola, l'autre général en chef de l'armée d'Italie. En ce temps-là, Bonaparte contribua par son influence à l'élévation de Pie VII au trône pontifical; actuellement le pape venait placer la couronne impériale sur le front de Napoléon. Qui refuserait de croire à la Providence au spectacle de pareils événements ?

Le pape fut logé aux Tuileries où il occupa le pavillon de Flore sur le bord de l'eau. L'empereur avait poussé la délicatesse de ses attentions pour son hôte, jusqu'à faire prendre à Rome un calque de la chambre occupée par le pape à Monte-Cavallo. Les tentures, les ameublements furent les mêmes ; le pape retrouva, pareils à ceux qu'il avait laissés à Rome, jusqu'aux moindres menus meubles destinés à son usage particulier, de sorte qu'en entrant dans sa chambre il put se croire dans son propre palais.

Lors de la conclusion du Concordat une chose avait retenu en suspens la décision du premier consul. On l'avait entendu dire : « Ce qui m'ef-
» fraie dans le rétablissement du culte catholi-
» que, c'est cette quantité de fêtes que l'on célé-
» brait autrefois. La fête des saints est la fête de
» l'oisiveté, et je ne veux pas de cela. *Le peuple*
» *a besoin de son travail pour vivre;* je consens à
» quatre jours de l'année, mais voilà tout. Si
» messieurs de Rome ne veulent pas en passer
» par là, je les enverrai promener. » Effective-
ment on ne célébra plus en France que les quatre fêtes de Pâques, de la Pentecôte, de Noël et de la Toussaint. Nous rappelons ces fêtes religieuses

pour faire remarquer le changement qui survint avec cette mesure graduée, dont l'empereur ne se départait jamais, dans les fêtes nationales. Bien que la République subsistât encore sur les monnaies et dans son calendrier, il ne fut plus question du jour anniversaire de la fondation de la République, mais, dès les premiers temps de l'Empire, l'empereur fit célébrer la commémoration du 14 juillet, si ce n'est que la célébration en fut remise au lendemain qui était un dimanche. Entre autres anomalies résultant de la transition du Consulat à l'Empire, nous avons sous les yeux une lettre de Napoléon au grand-juge pour lui annoncer le rétablissement du ministère de la police générale, dont les attributions, comme on l'a vu, avaient été précédemment réunies au ministère de la justice. Cette lettre portait la date du mois de messidor an XI, et c'était en même temps la première lettre émanée de l'empereur qu'il ait fait suivre de la formule renouvelée de l'ancienne monarchie : « Je prie » Dieu qu'il vous ait en sa sainte garde. » On avait déjà remarqué qu'au moment de la transition l'empereur ne s'était pas servi de cette formule dans la lettre qu'il adressa à Cambacérès le 19 de mai, c'est-à-dire le lendemain de l'élévation

de Napoléon à l'Empire. Faisons en outre observer qu'à cette occasion ce fut seulement la question d'hérédité dans la famille impériale que l'empereur fit soumettre au vote des Français. C'était
en effet le seul grand changement qui eut lieu,
l'Empire, comme nous l'avons dit, n'ayant pas
détruit immédiatement la République. Actuellement, posons quelques dates approximatives pour
bien marquer la situation des choses dans un moment où elles étaient si compliquées que souvent
on les confond les unes avec les autres. Ainsi il
ne faut pas perdre de vue que l'affaire du duc
d'Enghien n'eut aucun rapport avec celle de
Georges, Moreau, Pichegru et leurs co-accusés,
bien qu'elle eût lieu avant leur mise en accusation, et que cette dernière affaire était encore
pendante devant le tribunal spécial chargé de la
juger quand fut instituée la dignité impériale.
Tout cela marcha de front, jusqu'à la célébration
de la fête du 14 juillet qui, comme on l'a vu, fut
renvoyée au lendemain. Ce fut quatre jours après
que l'empereur partit pour le camp de Boulogne,
d'où il alla rejoindre l'impératrice au château de
Lacken, près de Bruxelles, pour ensuite accomplir un voyage que depuis long-temps il projetait
sur les bords du Rhin.

L'apparition de l'empereur au camp de Boulogne fut plus subite encore que de coutume. Parti
le 19 de Saint-Cloud, le 20 il était dès le matin
au milieu des ouvriers, la plupart soldats employés aux travaux du camp et aux dispositions
pour la grande cérémonie de la distribution des
aigles et des croix et de la prestation du nouveau
serment. Cette cérémonie venait d'avoir lieu à
Paris, le 15 juillet, dans l'église des Invalides,
qui n'était déjà plus le temple de Mars.

Au départ de l'empereur on crut généralement
à Paris que la distribution des croix au camp de
Boulogne n'était qu'un prétexte et que Napoléon
allait enfin réaliser le projet de descente en Angleterre, que tout le monde lui supposait. C'était
bien un prétexte en effet. L'empereur voulait
exciter de plus en plus l'enthousiasme de son
armée, se montrer à elle revêtu de sa nouvelle
dignité, assister à de grandes manœuvres et la
disposer à obéir au premier signal qu'il lui donnerait. Comment, en effet, à l'aspect de tant de
préparatifs, de tant de bâtiments de transport,
pour ainsi dire improvisés, n'aurait-on pas cru à
la résolution de tenter une descente en Angleterre? On le croyait à Londres; on savait que
tous les corps d'armée échelonnés sur les

côtes, depuis Étaples jusqu'à Ostende, étaient prêts à s'embarquer. L'arrivée de Napoléon au milieu de ses troupes leur donna, si cela était possible, un nouvel élan. Les ports de France sur la Manche étaient depuis long-temps transformés en chantiers et en arsenaux où l'on travaillait avec cette activité miraculeuse que l'empereur savait si bien inspirer. Il existait une incroyable émulation entre les commandants des divers camps, et cette émulation descendait de proche en proche jusqu'aux soldats et aux ouvriers.

Malgré la sobriété de détails à laquelle nous sommes condamnés, le camp de Boulogne tient une si grande place dans l'histoire des commencements de l'Empire que nous en dirons encore quelques mots. Davoust avait le commandement des camps de Dunkerque et d'Ostende ; Ney, le commandement de ceux de Calais et de Montreuil ; le camp général, celui de Boulogne, était sous les ordres du maréchal Soult ; Oudinot avait remplacé Marmont au camp de Saint-Omer, et Marmont commandait la partie de l'armée cantonnée sur les frontières de la Hollande : la marine hollandaise, que l'on croyait destinée au transport des troupes françaises, était placée sous ses ordres. On ne comptait pas dans le port de Boulogne moins de huit à neuf cents bâtiments, sans y comprendre ceux qui étaient dans les ports d'Étaples, de Dunkerque, de Viméreux et d'Ambleteuse, et sans compter aussi la flotte de cinq cents voiles que commandait l'amiral Werhuell et que l'on attendait dans ce dernier port. Les Anglais avaient réuni des forces imposantes dans la Manche et surveillaient les convois français, qui se défendaient, lorsqu'ils étaient attaqués, avec une intrépidité que doublait encore la présence de l'empereur à Boulogne.

C'est ici le lieu de faire observer combien de circonstances dues au hasard ont pu faire croire en dehors du génie de l'empereur, en dehors de cette puissance intellectuelle qui embrassait le monde d'un seul coup-d'œil, à une prédestination réelle. C'était devenu une chose proverbiale que les éléments obéissaient à son commandement ou prévenaient ses désirs ; combien de fois un temps brumeux n'a-t-il pas tout-à-coup fait place à un beau soleil au moment où l'empereur montait à cheval dans la cour des Tuileries pour passer ses troupes en revue ! Dans la première campagne de Russie il lui arriva une fois d'ordonner des mouvements de troupes que l'horrible état des chemins rendait absolument impraticables. Il s'agis-

sait de faire avancer un nombreux convoi d'artillerie, et la chose parut tellement impossible,
qu'après un conseil tenu par les chefs de l'armée,
Murat alla dire à l'empereur qu'avec la meilleure
volonté ses ordres étaient inexécutables. « Je n'y
» changerai rien, dit l'empereur. Il gèlera cette
» nuit, et demain matin mon artillerie passera sur
» la glace. » Deux heures après il vint un froid
si intense que la prédiction de l'empereur s'ac-
complit à point nommé.

Au camp de Boulogne, il se présenta quelques
circonstances où l'on put voir un signe manifeste de la bonne fortune de l'empereur. Dans le
voisinage d'une tour appelée la tour d'Ordre, on
trouva, en fouillant, les vestiges d'un camp romain, et l'on se rappela que c'était du lieu même
d'où l'on croyait que partirait l'empereur que
César s'était embarqué pour conquérir l'Angleterre : la tour d'Ordre prit aussitôt le nom de
tour de César.

Ce fut non loin de la tour de César, où l'on
trouva aussi des médailles attestant que Guil-
laume-le-Conquérant avait eu le même point de
départ, que quatre-vingt mille hommes des camps
de Boulogne et de Montreuil, sous les ordres du
maréchal Soult, furent réunis dans une vaste

plaine, pour assister à la solennité de la distribution des croix de la Légion-d'Honneur à l'effigie impériale. Cette plaine ressemble à une vaste conque, creusée circulairement, et au milieu de laquelle s'élève un monticule régulier. Ce monticule devint le trône impérial de Napoléon au milieu de ses soldats ; il s'y plaça avec son brillant état-major, et autour de ce centre de gloire, les régiments furent disposés en ligne comme autant de rayons qui venaient y aboutir. Nous disons les *régiments*, parce que cette ancienne dénomination avait remplacé celle de *demi-brigade*, adoptée sous la République. Avec les régiments étaient revenus les colonels.

Du haut du trône où dominait l'empereur, et dont la nature avait fait tous les frais, Napoléon prononça d'une voix forte la formule du nouveau serment, qui fut suivi du cri : *Je le jure !* par tous les légionnaires, et que l'armée entière accompagna du cri de : *Vive l'Empereur !* Un orage survint pendant cette brillante cérémonie. Les poètes du temps assurèrent que Jupiter en personne avait salué du bruit de sa foudre les aigles du nouveau César. Ce qu'il y a de certain, c'est que quand l'empereur eut quitté le lieu élevé d'où il venait de distribuer les croix, pour se rendre dans le port, et y commander les mesures à prendre contre la tempête, à son arrivée, le calme se rétablit comme par enchantement. La flottille, pour laquelle on craignait, rentra saine et sauve dans le port, et l'empereur revint au camp, où commencèrent les jeux et les divertissements préparés pour la troupe. Le soir, un immense feu d'artifice, tiré sur la côte, s'éleva en colonne lumineuse, de manière que les feux en fussent distinctement aperçus des côtes d'Angleterre.

L'empereur ayant ensuite exécuté son projet de voyage par les villes qui avoisinent le Rhin, s'arrêta d'abord à Aix-la-Chapelle, ville encore palpitante des souvenirs de Charlemagne. Les insignes, religieusement conservés, qui avaient servi à son sacre, furent envoyés à Paris pour figurer à la grande solennité qui se préparait déjà. Ce fut en effet pendant ce voyage, qui dura trois mois, que furent suivies et conclues les négociations avec le pape, dont nous avons déjà annoncé un peu trop tôt peut-être l'arrivée à Paris. Vers cette époque, le futur roi Joseph fut métamorphosé, par la toute-puissance de la baguette impériale, en guerrier, et qui plus est, en colonel. On lui fit l'application de ce vers de Boursault :
« Monsieur le colonel qui n'êtes pas soldat. »

Le maréchal Lannes dit avec son énergie accoutumée : « Qu'on ne le mette pas sous mes ordres,
» car, à la première faute, je le *flanque* aux ar-
» rêts. »

Pendant le séjour du pape à Paris, antérieu-
rement au couronnement qui, comme on le sait,
eut lieu le 2 décembre, ce saint homme fut l'objet de la curiosité des uns et des hommages de la
meilleure partie de la population. Quel rapprochement et quel changement survenu dans l'espace de quatre années ! Quatre ans auparavant
les prêtres étaient dispersés, persécutés, bafoués ;
les églises fermées ne permettaient aux fidèles de
se livrer qu'en cachette au culte de leur religion ;
et le chef de la chrétienté allait actuellement répandre sur le front impérial de Napoléon l'huile
sainte dont saint Rémi avait sacré Clovis ! Le
pape, par sa douceur, inspira un profond respect.
Nous devons recueillir de lui un mot digne de
figurer dans l'histoire. Sa Sainteté visita nos
principaux établissements publics. Le jour où il
se rendit à l'Imprimerie impériale, située alors où
est maintenant la Banque de France, le directeur
de l'Imprimerie fit composer et tirer en sa présence un volume contenant l'Oraison dominicale
en cent cinquante idiomes différents, et lui en fit

hommage. Ce même jour, un jeune homme ayant gardé son chapeau sur sa tête en présence du pape, quelques personnes, indignées d'une pareille inconvenance, se disposaient à le lui enlever, lorsque le pape, s'apercevant de cette petite rumeur et apprenant ce qui y donnait lieu, s'approcha du jeune homme, et lui dit avec un ton de bonté dont tous les assistants furent profondément touchés : « Jeune homme, découvrez-vous, pour » que je vous donne ma bénédiction : la bénédic- » tion d'un vieillard n'a jamais porté malheur à » personne. »

Nous ne voulons point oublier de dire que la fondation des prix décennaux, dont la première distribution fut fixée à cinq ans après, se rapporte au temps qui sépare la fondation de l'Empire du sacre de Napoléon. Par une singulière bizarrerie l'empereur en fixa le jour au jour correspondant avec le 18 brumaire. C'est à la même époque qu'il faut rapporter l'organisation toute militaire donnée à l'école Polytechnique. École libre auparavant elle fut casernée et reçut un uniforme. Déjà précédemment l'Institut avait été divisé en quatre classes distinctes et en même temps la classe des sciences morales évincée. La dénomination d'Académie appliquée à chacune des quatre classes subsistantes ne fut toutefois pas rétablie, et la classe correspondante à l'ancienne Académie française céda le pas à la classe des sciences. On peut voir par là combien l'empereur préférait l'utile à l'agréable, les connaissances positives dont l'application tourne au profit du peuple en améliorant les procédés de la culture et de l'industrie à ces autres connaissances plus brillantes, mais que l'on pourrait, sans inconvénient, ranger parmi les objets de luxe, si la gloire littéraire du siècle de Louis XIV ne projetait encore sur la France l'éclat de sa lumière.

Pendant le mois qui précéda le couronnement, tous les présidents de canton de l'Empire affluèrent à Paris et devinrent l'objet de toutes sortes de plaisanteries. Heureux les peuples auxquels il est loisible de se préoccuper de ridicules. Il est certain que l'obligation de porter l'épée et l'ancien habit à la française avec accompagnement de manchettes et de jabots avait transformé beaucoup de ces messieurs en personnages vraiment grotesques. Déjà, dès le mois d'octobre, l'empereur avait convoqué le Corps législatif pour qu'il pût assister en corps à son sacre.

La veille du couronnement le Sénat, ayant à sa tête François de Neufchâteau qui le présidait, présenta à Napoléon le résultat presque unanime des votes pour l'hérédité. Nous croyons devoir placer ici la réponse de l'empereur à la harangue de François de Neufchâteau, parce qu'elle marque son langage lors de l'acte le plus important de sa vie, et que l'on y retrouve, comme dans toutes ses paroles et presque toutes ses actions, la preuve de son immuable alliance avec le peuple.

« Je monte au trône où m'ont appelé les vœux
» unanimes du Sénat, du peuple et de l'armée,
» le cœur plein des grandes destinées de ce peuple
» que, du milieu des camps, j'ai le premier salué
» du nom de grand.

» Depuis mon adolescence mes pensées tout
» entières lui sont dévolues ; et, je dois le dire
» ici, mes plaisirs et mes peines ne se composent
» plus aujourd'hui que du bonheur ou du mal-
» heur de mon peuple.

» Mes descendants conserveront long-temps ce
» trône.

» Dans les camps ils seront les premiers soldats
» de l'armée, sacrifiant leur vie pour la défense
» du pays.

» Magistrats, ils ne perdront jamais de vue que
» le mépris des lois et l'ébranlement de l'ordre

» social ne sont que le résultat de la faiblesse et
» de l'incertitude des princes. »

Ce dernier mot était sans doute dicté par le
souvenir de Louis XVI ; Napoléon avait le
20 juin et le 10 août présents à sa pensée.

Nous omettons une autre phrase d'obligeance
adressée au Sénat qui, par l'obséquiosité de ses
complaisances, suscita les seules fautes que l'on pût
reprocher au gouvernement impérial, et trahit
ensuite sa victime comme une assemblée de Judas
reniant leur seigneur. En même temps, nous ferons observer combien tout fut vrai dans les belles paroles de l'empereur en ce qui concernait sa
personne, et malheureusement faux dans ce qui
regardait sa famille. Le peuple le sait, le peuple
doit aussi se souvenir, au moins traditionnelle-
ment, de la prospérité répandue par le sacre
dans la classe commerçante et ouvrière des habitants de Paris. L'affluence des étrangers et des
habitants de la province y était extrèmement considérable, et le retour vers l'ancien luxe et les
anciens usages donna de l'occupation à de nombreuses classes d'ouvriers qui, sous la Convention
et le Directoire, n'avaient point trouvé à exercer
leur industrie. Depuis douze ans, le commerce de
Paris n'avait pas été dans un état aussi florissant.

Avec quel empressement on allait voir, rue Saint-Honoré, chez l'orfèvre Biennais, les joyaux de la couronne impériale, tels que le sceptre, le globe, la main de justice, et cette couronne même dont la forme légère et les feuilles d'or rappelaient moins la couronne de France que l'antique couronne des Césars !

Il ne saurait entrer dans notre plan de rappeler les cérémonies qui eurent lieu à Notre-Dame le jour du couronnement, il n'en reste plus qu'un grand fait qui domine tous les autres : Napoléon, plaçant sur son front la couronne consacrée par Pie VII, et couronnant ensuite l'impératrice Joséphine, et l'effet que cette grande inauguration de l'Empire par le chef de la chrétienté produisit dans tous les cœurs. Dieu, par son ministre sur la terre, avait donc retiré la sainte ampoule aux descendants de saint Louis pour l'épancher sur le front d'un soldat. La portée d'un pareil événement fut bien comprise à Londres et la rage du cabinet anglais en redoubla. Tous les cabinets de l'Europe sans exception avaient déjà reconnu l'empereur dans sa nouvelle dignité ; l'empereur d'Allemagne, François II, s'était même fait reconnaître comme empereur d'Autriche ; mais le Charles-Quint du siècle n'était pas de l'autre côté du Rhin ; là l'intrigue conspira contre la grandeur et, dès le printemps suivant, l'emporta à l'aide de ses riches subsides à Vienne et à Saint-Pétersbourg. Le cabinet de Berlin n'eut alors que des velléités qui trahirent à la fois son impuissance et son mauvais vouloir envers la France.

Suivons maintenant ces faits d'un ordre nouveau avec autant de rapidité qu'il nous sera possible de le faire. Napoléon n'ignorait pas que les assurances de bonne amitié qui lui venaient de toutes parts n'étaient que de faux semblants ; lui-même, nous devons le dire pour ne point forfaire à notre amour pour la vérité, lui-même il souhaitait ardemment de faire une campagne en Allemagne et le désir d'effacer la gloire que Moreau s'y était acquise n'y était peut-être pas tout-à-fait étranger. Sachant donc combien les souverains de l'Europe redoutaient la puissance formidable dont il avait doté la France en quatre ans, il ne craignit point de les irriter soit en adjoignant à coups de décrets de nouvelles provinces à l'empire, soit en plaçant à côté de sa couronne impériale la couronne royale des Lombards ainsi que l'avait portée Charlemagne. Le prétexte, ou si l'on veut la cause de ses représailles venait de

ce que l'Angleterre persistait à occuper Malte
contrairement au traité d'Amiens, et que la
Russie, de son côté, n'évacuait point les bouches
du Cataro. Ainsi le Piémont, non-seulement,
continua à faire partie de l'Empire sous la forme
d'un gouvernement général, mais les deux duchés
de Parme et de Plaisance, dont il donna l'investiture nominale et purement honorifique à ses
deux anciens collègues au Consulat, y furent réunis. Toutefois, ces envahissements, s'ils excitèrent des mécontentements, ne produisirent ni
plaintes ni murmures. Il n'en fut pas de même
de la fondation du royaume d'Italie, non pas
ajouté à la France, mais comme une possession
royale et personnelle en faveur de Napoléon.
L'enthousiasme qu'il excitait en France était si
grand que la France fut fière de saluer un roi
dans son empereur, et le couronnement du roi
d'Italie eut lieu à Milan au printemps de 1805.
Ainsi l'ancienne république cisalpine, fondée
quelques années auparavant par Bonaparte vainqueur, éprouva la même métamorphose que la
république française. En outre, pendant que
Napoléon était à Milan, au milieu des bruyantes
manifestations de la joie italienne, le dernier doge
de Gênes, Durazzo, vint à la tête d'une députa-

tion de notables Génois lui demander de placer sous sa protection la ville de Gênes et son territoire. Une pareille sollicitation ne pouvait être mal accueillie, et par ce moyen Gênes et son territoire furent transformés en départements français. L'Autriche ni la Russie ne reconnurent point le royaume d'Italie, et ces deux puissances se formalisèrent de l'adjonction de Gênes à l'Empire. Cependant des négociations allaient s'ouvrir à ce sujet quand, ayant quitté Milan où il laissa l'excellent prince Eugène aux Italiens en qualité de vice-roi, le seul *vice*, disait alors M. de Talleyrand, qu'on lui eût jamais connu, Napoléon vint à Gênes. Avant d'y arriver l'empereur avait eu à Alexandrie une entrevue secrète avec son frère Jérôme, qu'il n'avait pas vu depuis plusieurs années. Ce fut là qu'il le contraignit à rompre son mariage avec mademoiselle Patterson, dont il avait des enfants. Cette circonstance de la vie de l'empereur est du petit nombre de celles pour lesquelles nous faisons nos réserves. Après la réconciliation de Jérôme avec l'empereur, Lucien fut le seul membre de la famille de Bonaparte resté en dehors de la famille impériale. Lucien, exclu de l'acte d'hérédité, n'eut point, tant que dura l'Empire, d'autre dignité que celle de sé—

nateur, qu'il avait reçue lors de la création du Sénat.

Cependant l'empereur était à Gênes, où la splendeur des fêtes qui lui furent offertes le toucha moins que l'attention de le faire coucher au palais Doria, dans le lit où avait dormi Charles-Quint. Répétons-le : l'empereur était à Gênes. Ici commence une série de miracles beaucoup plus semblables aux prestiges de la féerie qu'aux vérités souvent douteuses de l'histoire ; mais ces miracles sont vrais.

Un courrier est arrivé porteur d'une dépêche. Napoléon l'a lue et il relève la tête. Toutes les joies sont décommandées.. L'empereur va partir sans suite, presque seul. Il franchit les distances avec la rapidité de l'éclair. Il ne s'est arrêté nulle part, et une nuit, sans être attendu, fatigué, affamé, il frappe à la porte du palais presque désert de Fontainebleau, heureux de partager le modique souper d'un concierge. Le lendemain, il préside ses conseils, et tout à l'heure son impatience va devancer l'élan de sa grande armée ; il vaincra ses ennemis avec les premiers soldats qui lui tomberont sous la main.

Que s'était-il donc passé ? L'Angleterre était parvenue à ses fins, elle avait engagé une nou-

velle coalition contre la France impériale ; l'Autriche armait de toutes parts ; une armée aux
ordres du prince Charles s'avançait vers l'Italie
par le Tyrol ; Mack tenait garnison à Ulm, répu-
tée la ville imprenable. Sa garnison était une armée de trente mille hommes ; d'autres généraux
s'avançaient sur le Rhin et foulaient la terre amie
de l'électorat de Bavière. Les Russes descendaient
du nord sur la Vistule, leurs armées commandées par leur jeune empereur en personne ; ces
armées, fanatisées contre la France depuis les
succès éphémères de Souwarow, menaçaient
d'une prompte jonction avec les corps autrichiens
qui couvraient Vienne ; les flottes anglaises, réunies devant les côtes de la Hollande, se disposaient
à tenter des débarquements. Voilà ce qu'une dépêche avait appris à Napoléon ; mais ses dispositions sont prises, et son cerveau enfante déjà la
victoire. Au prince Charles il oppose Masséna en
Italie. Il se charge du reste, en associant ses
maréchaux, ses généraux, ses fidèles soldats à sa
gloire. L'Empire n'a pas encore brûlé une amorce
sur le continent, l'explosion sera terrible. Armements, munitions, équipements, tout se forme
simultanément à la voix de Napoléon ; sa jeune
armée brûle de combattre, d'obtenir un regard de

son empereur. Enfin le camp de Boulogne est
levé. Ce n'est plus par étapes que vont marcher
des armées entières ; les troupes sont transportées
en poste vers le Rhin ; tout converge sur Strasbourg, où son génie tutélaire, la bonne impératrice, va l'attendre. Lui, il passe le Rhin des
premiers, et, tandis que ses troupes s'avancent
en hâte, il a déjà battu l'ennemi à la tête d'une
poignée de braves.

Sur tous les points l'armée française s'avance
et chasse l'ennemi devant elle ; chaque jour enfante ses miracles sans qu'ils soient achetés par
aucune défaite. Ulm bloqué se rend ; Mack, que
l'on accuse à tort de traîtrise, ne cède qu'à la dernière extrémité. Son gouvernement le condam-
nera à mort ; Napoléon exigera qu'il vive, et ce
sera une des conditions du vainqueur. Cependant
les Russes avancent toujours, et une forte armée
couvre Vienne. Que fera l'empereur ? Comme
Horace il combattra ses ennemis séparément, non
pas en fuyant comme le soldat de Rome, mais
en marchant à leur rencontre. Dans cette série
non interrompue de victoires, du Rhin au
Danube, de Strasbourg à Vienne, la France sera
fière et glorieuse, mais un mal secret tourmentera
Paris.

La disette de numéraire , résultant de catastrophes financières, mit la Banque de France dans la nécessité de suspendre l'échange de ses billets, ou du moins de le restreindre au point qu'ils perdirent jusqu'à douze pour cent d'escompte. Un autre désastre plus grand et plus irréparable frappa notre marine à Trafalgar. Vingt-deux vaisseaux de ligne , de trente que commandaient l'amiral Villeneuve et l'amiral Gravina, périrent dans cette terrible bataille où le fameux amiral Nelson paya sa victoire au prix de sa vie. Ce malheur resta ignoré, et ne put par conséquent influer sur l'opinion populaire enthousiasmée par les nouvelles de la grande armée. Chaque jour annonçait sa victoire. En interrompant le récit de la campagne des miracles pour signaler ces deux ombres opposées à la magnificence du tableau, nous nous conformons au cours des événements. En effet, ce fut à Vienne que l'empereur apprit le sinistre financier de Paris, et au bivouac d'Austerlitz la perte de la bataille de Trafalgar.

Il serait impossible de donner à ceux qui n'ont pas vu l'époque dont nous parlons une idée de l'effet produit alors par les bulletins de la grande armée, et par ces nouvelles que l'on annonçait dans les théâtres. L'enthousiasme tenait du dé-

lire , de la frénésie ; dans les familles on regardait
soir, comme une bonne fortune, la visite de
quelqu'un sortant du spectacle. Et le matin !
Avec quel empressement on recherchait le *Moniteur* quand le canon des Invalides avait proclamé
une nouvelle victoire. Jamais ces nouvelles ne
furent aussi précipitées les unes sur les autres.
L'occupation de Vienne suivit de si près la reddi-
tion d'Ulm que l'on était sous le charme d'un rêve.

L'empereur avait complètement détruit l'armée autrichienne ; mais il lui restait encore à défaire les Russes. On sait quelle bataille et quelle
victoire éclaira le soleil d'Austerlitz, précisément
à un an de distance, le jour anniversaire du couronnement de l'empereur. Tout cela n'est-il pas
réellement miraculeux ? Et pourtant quelle fatale
prophétie sortit de la bouche de Napoléon ! Le
prince d'Olgorouski, envoyé par Alexandre auprès
de Napoléon la veille même de la bataille, s'exprima
avec une jactance qui irrita tellement l'empereur
qu'il lui dit en le congédiant : « Vous seriez *sur*
» *les hauteurs de Montmartre*, que je ne répon-
» drais qu'à coups de canon à de pareilles imper-
» tinences. » Neuf ans après !... que de choses ,
que d'événements font contraste dans la vie d'un
seul homme !

Napoléon eut une entrevue avec François II, mais il ne vit pas Alexandre. Le czar se retira avec ses troupes. La guerre cessa de fait avec la Russie sans qu'aucun traité rétablît la paix, et les choses restèrent telles qu'elles étaient jusqu'à la seconde grande guerre impériale qui amena le traité de Tilsitt.

Le traité de Presbourg mit fin à la guerre avec l'Autriche. Les conditions dictées par le vainqueur en furent sévères, quoique l'empereur, ainsi qu'il l'avait promis, n'ait demandé aucune concession de territoire pour l'Empire français. Il n'en fut pas de même à l'égard du royaume d'Italie, auquel furent ajoutés Venise, le Tyrol, l'Illyrie et une partie du littoral de l'Adriatique. Le vieil édifice de l'empire germanique fut bouleversé de fond en comble, et François II renonça au titre d'empereur d'Allemagne. Les électeurs de Bavière et de Wurtemberg, demeurés fidèles à l'empereur, virent leurs États érigés en royaumes avec de notables agrandissements, de sorte que ces nouveaux monarques durent à la générosité de l'empereur une augmentation de sujets à armer contre lui quand vint le temps des grandes trahisons. Par suite du traité de Presbourg, le vieil ordre teutonique fut détruit ; la princi-

pauté de Wurtzbourg érigée en grand-duché.
Selon toute probabilité, Napoléon conçut alors
l'idée du protectorat de la confédération du Rhin.

Deux événements importants se rattachent au
temps de la campagne d'Austerlitz : l'attitude
plus que douteuse de la Prusse, déjà secrètement
engagée avec l'Angleterre, et les ports de Naples
et de la Sicile ouverts aux Anglais par Ferdinand IV ou plutôt par la reine Caroline. Dans un
bulletin Napoléon la qualifia de nouvelle Frédé-
gonde, et déclara que la maison de Bourbon avait
cessé de régner en Europe. L'empereur fit reconnaître son frère Joseph en qualité de roi de Naples.
Que pouvait-on refuser à son ascendant! Nous
savons qu'à cette époque M. de Talleyrand, qui
avait accompagné l'empereur à Vienne, et qui
alors le servait avec fidélité, fut effrayé de voir
l'ambition jusque-là exclusivement française de
Napoléon dégénérer en ambition de famille.

Quant à la position réciproque de la France et
de la Prusse, voici en peu de mots ce qui se passa.
M. de Haugwitz, ministre de Prusse, s'était
rendu à Vienne, ayant pour mission de conclure
secrètement une alliance avec la Russie et l'Autriche. Après de longues tergiversations, le cabinet de Berlin entrait dans la coalition, mais

M. de Haugwitz arriva trop tard, c'est-à-dire après l'occupation de Vienne ; alors il prit sur lui de déchirer ses instructions et de renouveler, au contraire, l'alliance de la Prusse avec la France. L'empereur n'en fut pas dupe et tança vertement M. de Haugwitz ; cependant il ferma les yeux, pressé qu'il était de jouir de sa gloire et des bénédictions attachées au retour de la paix. A l'égard de la Prusse, ce fut partie remise.

Il faudrait trop souvent nous répéter, si nous voulions peindre l'enthousiasme de la France chaque fois qu'il se manifesta après les retours de l'empereur rapportant la paix ; nous tomberions dans le même inconvénient si nous rapportions cette immense quantité de décrets réglementaires émanés de son génie administratif, durant les intervalles où son génie guerrier semblait se reposer. La paix, il faut le dire, n'était jamais solide sur tous les points, et elle ne pouvait pas l'être tant que la France serait en guerre avec l'Angleterre. Un moment on espéra la paix générale ; ce fut lorsqu'à la mort de **M. Pitt**, **M. Fox** lui eut succédé au ministère. Lord Lauderlale vint à **Paris**, **M. Otto** retourna à Londres, où il avait si puissamment contribué à la conclusion de la paix d'Amiens ; mais ces espérances s'évanouirent, principalement devant la donation faite à Joseph du trône de Naples. Homme loyal, mais patriote sincère, M. Fox donna connaissance à l'empereur des démarches d'un misérable qui voulait l'assassiner ; mais, malgré la haute admiration qu'il professait pour Napoléon, il ne trahit point les intérêts de son pays , évidemment contraires à ceux de l'Empire, et les espérances de paix disparurent avec les tentatives qui les avaient fait naître. Sous l'Empire, il n'y a point d'exagération à le dire , tous les traités de paix portèrent en eux le germe d'une nouvelle guerre. Nous rendrons cette observation frappante en traçant un tableau rapide des alliances alternatives de l'empereur, ce qui expliquera en même temps comment le rétablissement intégral du royaume de Pologne fut impossible, l'empereur ayant toujours les mains liées par des considérations d'alliance.

Cinq grandes campagnes outre-Rhin appartiennent à l'ère impériale. La campagne d'Austerlitz , où il ne fut pas question de la Pologne, cette France du Nord comme on l'a si bien appelée. La campagne d'Iéna et de Tilsitt , à la suite de laquelle fut fondé le grand duché de Varsovie. Dans cette campagne contre la Russie et la

Prusse, l'Autriche étant neutre, il fallut respecter les provinces polonaises appartenant à
cette puissance. Dans la troisième campagne,
celle de Wagram, dirigée seulement contre l'Autriche, l'empereur, par la même raison, dut
respecter les provinces polonaises de la Russie et
de la Prusse, ces deux puissances étant demeurées neutres. Enfin, dans la gigantesque campagne de Moscou, qui fut la quatrième, l'Autriche
et la Prusse étant alliées de Napoléon, il ne put
recomposer à leurs dépens l'intégralité du
royaume de Pologne. La cinquième grande campagne, celle de Dresde, ne fut en réalité qu'une
conséquence nécessaire de la campagne de Moscou ; l'esprit de conquête commença à faire place
à l'esprit de conservation ; et, plût à Dieu que
l'esprit de conservation eût occupé une place plus
grande dans les combinaisons impériales ! Cet
aperçu nous servira de guide ; le temps viendra
trop vite où il nous faudra appendre à notre
plume le glorieux crêpe des campagnes de France
et de Waterloo. En dehors de ces grandes
guerres où l'Occident se rua sur l'Orient jusqu'au
moment fatal où l'Orient reflua sur l'Occident, il
nous faut noter la guerre d'Espagne. Ce ne fut
qu'un accident à son origine. Le printemps de

1808 le vit naître, et du sein de l'un des royaumes de Charles-Quint s'éleva un peuple qui enseigna aux rois que la fortune de leur vainqueur était soumise aux mêmes chances que l'avait été autrefois la fortune de François Ier. Quel spectacle que celui de ces grands mouvements d'armées, sillonnant l'Europe, se repliant sur elles-mêmes pour s'élancer de nouveau ! La première fois, le flot impérial inonde le continent jusqu'au Danube ; la seconde fois, il ne s'arrête qu'aux rives du Niemen ; la troisième fois, il se répand de nouveau sur le Danube insoumis ; furieux, il prend pour la quatrième fois un élan terrible, mais il se brise derrière la Moscowa, et, après avoir tenté un dernier effort sur l'Elbe, il vient enfin se perdre dans les eaux de la Seine, son premier point de départ. C'est que dans ces derniers temps, les peuples trompés adoptèrent la cause des rois, croyant combattre pour leur indépendance et leur liberté. La liberté ! On la leur montra, semblable à ces décevants mirages fuyant dans les sables de l'Égypte devant les yeux fascinés de nos soldats. Les peuples ! ils l'ignoraient alors, mais ils le savent maintenant : La liberté était couvée dans le giron de l'Aigle impériale.

Replaçons-nous maintenant à l'époque où la Prusse va jouer le rôle de l'Autriche dans la précédente campagne.

La bataille d'Iéna ouvrit à Napoléon la ville du grand Frédéric dont il alla saluer le tombeau à Postdam. Le duc de Brunswick, connu par des talents militaires réels et surtout par le fameux manifeste qu'il lança contre la France au commencement de la révolution , fut blessé à mort à la journée d'Iéna. Nous ne raconterons pas un autre événement qui fit grand bruit à cette époque et qui témoigna de la bonté de Napoléon ; nous aimons bien mieux rapporter textuellement la lettre qu'il adressa à cette occasion à Joséphine. Cette lettre porte la date du 6 novembre 1806, 9 heures du soir.

« J'ai reçu ta lettre où tu me parais fâchée du
» mal que je dis des femmes. Il est vrai que je
» hais les femmes intrigantes au-delà de tout. Je
» suis accoutumé à des femmes bonnes, douces ,
» conciliantes : ce sont celles que j'aime. Si elles
» m'ont gâté, ce n'est pas ma faute, mais la
» tienne. Au reste, tu verras que j'ai été fort bon
» pour une qui s'est montrée sensible et bonne ,
» madame d'Hatzfeld. Lorsque je lui montrai la
» lettre de son mari, elle me dit, en sanglo-

» tant, avec une profonde sensibilité et naïve-
» ment : C'est bien là son écriture. Son accent
» allait à l'âme; elle me fit peine, je lui dis : Eh
» bien, madame, jetez cette lettre au feu, je ne
» serai plus assez puissant pour faire condamner
» votre mari. Elle brûla ma lettre et parut bien
» heureuse; son mari est depuis tranquille ; deux
» heures plus tard il était perdu. Tu vois donc
» que j'aime les femmes bonnes, naïves et dou-
» ces ; mais c'est que celles-là seules te ressem-
» blent. » Combien toutes les versions pâlissent,
selon nous, devant ce simple récit adressé par
Bonaparte à sa femme dans une lettre qui, bien
certainement quand elle fut écrite, ne paraissait
pas destinée à être jamais connue.

Le 21 du même mois de novembre fut lancé
le fameux décret de Berlin, qui donna naissance
à la grande lutte commerciale appelée le système
continental. L'Angleterre, avec ses nombreux
vaisseaux, bloquait le continent; Napoléon voulut le leur fermer. Voilà en deux mots l'esprit et
le but du système continental, dont les bases
avaient été posées, mais d'une manière moins
explicite, dans un décret daté de Milan, à l'époque du couronnement d'Italie. Comme toutes les
grandes mesures conçues par Napoléon, le sys-

tème continental eut ses enthousiastes et ses détracteurs. Ces derniers furent nombreux et ils devaient l'être : les inconvénients attachés à l'exécution d'une conception aussi vaste sont aisément saisis par ceux dont ils froissent les intérêts immédiats, tandis que les avantages qui doivent en résulter dans l'avenir pour les populations entières, sont inaperçus et par cela même contestés. Sans traiter cette immense question, ajoutons seulement que si le système continental eût été adopté franchement par l'Europe, l'Angleterre était ruinée. Elle le savait bien. Ce qui nous frappe, c'est la promptitude avec laquelle s'établirent en France des cultures capables de remplacer les denrées coloniales que le luxe et l'aisance ont rendues indispensables.

Avant de quitter Berlin, Napoléon, dont la parole avait plus de puissance que les chants de Tyrtée pour émouvoir une armée, adressa une proclamation à ses soldats. Nous en citerons un fragment parce qu'il présente un résumé vrai des travaux de l'armée. C'est le pendant du *drapeau de l'armée d'Italie*.

« Vous avez justifié mon attente et répondu » dignement à la confiance du *peuple français*. » Vous avez supporté les privations et les fatigues

» avec autant de courage que vous avez montré
» d'intrépidité et de sang-froid au milieu des
» combats. Vous êtes les dignes défenseurs de
» l'honneur de ma couronne et de la gloire du
» *grand peuple*. Tant que vous serez animés de
» cet esprit, rien ne pourra vous résister. Je ne
» sais désormais à quelle arme donner la préfé-
» rence... Vous êtes tous de bons soldats. Voici
» le résultat de nos travaux.

» Une des premières puissances de l'Europe,
» qui osa naguère nous proposer une honteuse
» capitulation, est anéantie. Les forêts, les défilés
» de la Franconie, la Saale, l'Elbe que nos pères
» n'eussent pas traversés en sept ans, nous les
» avons traversés en sept jours et livré dans
» l'intervalle quatre combats et une grande ba-
» taille. Nous avons précédé à Postdam, à Ber-
» lin, la renommée de nos victoires. Nous avons
» fait soixante mille prisonniers, pris soixante-
» cinq drapeaux, parmi lesquels ceux des gardes
» du roi de Prusse, six cents pièces de canon,
» trois forteresses, plus de vingt généraux ; ce-
» pendant plus de la moitié de vous regrettent
» de n'avoir pas tiré un seul coup de fusil. Toutes
» les provinces de la monarchie prussienne jus-
» qu'à l'Oder sont en notre pouvoir.

» Soldats, les Russes se vantent de venir à
» nous ; nous marcherons à leur rencontre, nous
» leur épargnerons la moitié du chemin ; ils re-
» trouveront Austerlitz en Prusse. »

L'empereur faisait à la Prusse une guerre que
nous serions tenté d'appeler une guerre *d'ani-
mation*. Qui le croirait en effet ? Le cabinet de
Berlin l'avait *menacé de sa colère*.

A Posen, l'empereur érigea la Saxe en royaume
en faveur de l'électeur. Ce prince lui demeura
fidèle dans ses malheurs.

Pour attester la gloire de la prise de Vienne,
le plus beau monument de Paris, notre immor-
telle colonne, s'élevait sur la place Vendôme, re-
couverte du bronze pris l'année précédente dans
les arsenaux de Vienne. Un autre monument
attesterait la prise de Berlin et laverait une honte
de l'ancienne monarchie. En faisant transporter
en France la colonne de Rosbach, Napoléon trouvait une nouvelle occasion de se montrer solidaire
du passé. Le premier janvier 1807 il arriva à
Varsovie, où nos frères de la Pologne le reçurent
avec d'incroyables démonstrations de joie et d'espérances. Mais hélas ! nous avons dit assez pourquoi la Pologne était destinée à espérer toujours

en vain, pour que nous ne revenions pas sur ces circonstances fatales.

Cependant l'armée russe et l'armée française marchaient à la rencontre l'une de l'autre ; et pendant ce temps-là l'Autriche, continuant le rôle de la Prusse lors de la campagne précédente, faisait des armements en Bohême. Napoléon avait donc grande hâte de raffermir par une victoire les conditions ébranlées du traité de Presbourg. Les choses étaient d'ailleurs beaucoup plus compliquées que dans la campagne d'Austerlitz ; il fallait observer la Prusse occupée et en même temps prévenir les Russes. En outre, le gouvernement entier de l'Empire était au quartier-général impérial. Chaque semaine un auditeur au Conseil-d'État apportait les portefeuilles des ministres, et tout se décidait dans le cabinet ambulant de Napoléon. A Paris, la seule action directe du gouvernement était, pour la forme, entre les mains de l'archichancelier, et en réalité dans celles de Fouché, puisqu'elle se concentrait dans la police.

La première grande affaire contre les Russes eut lieu à Eylau ; l'avantage resta aux Français, demeurés maîtres du champ de bataille, mais cet avantage fut chèrement acheté. Les Russes se battirent bien. Dans les deux camps

on chanta le *Te Deum*. Nous ne suivrons point
jour par jour notre armée jusqu'au Niémen,
les descriptions de combats nous sont interdi-
tes. Et qui pourrait avoir oublié la journée de
Friedland, dont le succès en notre faveur fut incontestable, et suivi de la fameuse entrevue de Tilsitt ?
On sait les merveilles de cette entrevue, la passion
dont se prit Alexandre pour l'empereur, comme
l'avait fait Paul Ier pour le premier consul. Les
deux armées en présence, et que le fleuve seul
séparait, étaient dans le délire ; il redoubla quand,
parvenus en même temps sur le radeau élevé au
milieu du fleuve, les deux empereurs s'embras-
sèrent. Peu de jours après, Alexandre et Napoléon étaient devenus inséparables, il n'était sorte
d'attentions qu'ils n'eussent l'un pour l'autre, et
ce fut à cette intimité, alors sincère des deux
parts, que l'on doit attribuer des restitutions de
territoire plus considérables que Napoléon n'aurait dû les faire au roi de Prusse. Ce monarque,
sans États, était aussi à Tilsitt avec la belle et in-
fortunée reine Willelmine ; ils habitaient un mou-
lin en dehors de la ville que se partageaient les
deux empereurs. En raisonnant d'après des pro-
babilités, il est permis de penser que les deux
empereurs convinrent alors d'un grand partage

éventuel de l'Europe, en vertu duquel l'Orient aurait appartenu à la Russie, et l'Occident à la France ; que leurs efforts réunis iraient détruire la puissance de l'Angleterre dans les Grandes-Indes. Cela ressort d'instructions données trois ans auparavant par Napoléon au général Gardanne, quand celui-ci fut envoyé ambassadeur en Perse, et aussi de la facilité avec laquelle, à l'automne de l'année suivante, Alexandre se montra facile à Erfurth sur l'occupation de l'Espagne.

Pendant la campagne de Tilsitt, les grands travaux ordonnés par l'empereur dans Paris, et l'on peut dire par tout l'Empire, furent poursuivis avec une incroyable activité. Dans tous les services, on redoublait de zèle pour mériter son approbation à son retour. Dans le monde politique, d'immenses changements aussi s'opérèrent sans difficultés apparentes. La Hollande *se donna* au roi Louis, frère de Napoléon, qui n'aspirait pas à devenir roi. Nous avons déjà fait connaître la transformation en royaume de l'électorat de Saxe, datée de Posen. En vertu du traité de Tilsitt, un autre royaume, le royaume de Westphalie, s'éleva au sein de l'Allemagne ; l'empereur en donna la couronne à son jeune frère Jérôme, qu'il maria à une fille du roi de Wurtemberg.

L'année précédente, Eugène avait épousé une fille du roi de Bavière.

Le traité de Tilsitt est du 7 juillet, et fut ratifié le surlendemain, les deux empereurs ayant réglé les principales conditions, et les chancelleries étant à leur quartier-général. Ce n'était pas le roi de Prusse qui pouvait élever aucune objection. En vertu du même traité, Warsovie et son territoire, érigé en grand duché, fut donné au roi de Saxe.

Le royaume de Westphalie fut composé d'abord des États de Hesse-Cassel, qui en formèrent le premier noyau, d'une partie des provinces *cédées* par la Prusse, d'une partie des États de Paderborn, de Fulde, du duché de Brunswick et d'une partie de l'électorat de Hanovre. Tous ces arrangements furent consentis par la Russie, qui, pour se consoler sans doute de n'avoir pas obtenu de meilleures conditions en faveur de son alliée, accepta une part de ses dépouilles.

Ce fut pendant la campagne de Tilsitt qu'eut lieu à Constantinople la révolution de sérail où fut étranglé sultan Sélim, remplacé par Mustapha-Baraictar, et peu après par sultan Mahmoud. L'empereur était à Warsovie quand il reçut la nouvelle de la mort de Sélim. A la même époque aussi furent supprimés les cinquante membres restants du Tribunat. Le fait est que cette institution était devenue incompatible avec l'état de l'Empire, qui ne tenait plus à la République que par des fils bien légers, lesquels bientôt allaient être rompus. Quoi qu'il en soit, la nouvelle organisation de l'Allemagne, les places de Dantzig, de Kœnigsberg et de Magdebourg tombées en notre pouvoir, une vaste étendue de pays à surveiller, une foule d'ordres à donner, prolongèrent le séjour de Napoléon en Allemagne jusqu'à la fin de l'année 1807. Il rentra dans sa capitale le 1er janvier 1808.

Arrêtons-nous un moment pour contempler le passé et projeter un regard sur l'avenir. Nous sommes arrivés au sommet de la gloire et de la puissance impériale, nous n'avons pas à en descendre encore, nous avons quelques mois à marcher sur la plaine élevée qui sépare le montant et le versant de cette immense pyramide gravie en l'espace de sept ans. Le soleil est pur, le jour éclatant ; mais bientôt des nuages s'élevant des Pyrénées vont obscurcir l'horizon ; il y aura encore de la gloire, beaucoup de gloire ; la descente ne sera pas d'abord précipitée, mais les sacrifices augmenteront en raison inverse des avantages, et dans les plus brillants tableaux une ombre menaçante apparaîtra dans le lointain. Ainsi l'Espagne troublera les magnificences d'Erfurth ; ainsi l'enlèvement du pape à Rome consternera la chrétienté quand nos aigles planeront pour la seconde fois sur les tours de Vienne ; ainsi la réunion de la Hollande à l'Empire, et l'extension du territoire impérial jusqu'aux bouches de l'Elbe, sans respecter les villes anséatiques, jusque-là demeurées libres, ne couvriront que d'un faux éclat les splendeurs d'un mariage fatal. Mais la naissance d'un fils replacera Napoléon, et non pas peut-être la France, plus haut qu'ils ne l'étaient au 1er janvier 1808, au retour de Tilsitt.

L'empereur resta alors trois mois à Paris. Faut-il dire que sa présence dans la capitale fut saluée par un enthousiasme qui croissait avec le nombre de ses triomphes ? Il faudrait le répéter trop souvent. Pendant ces trois mois l'organisation des droits réunis ne fut pas, de tous les retours de Napoléon vers l'ancien régime, celui qui fut le plus agréable au peuple ; il en survint même quelques mécontentements partiels, mais le peuple regarda sa gloire et lui pardonna le plus vexatoire de tous les impôts. Au surplus, cet impôt avait été rétabli sous le Consulat. Durant

les trois premiers mois de 1808, le vieil édifice
de l'Université fut reconstruit à peu près sur ses
anciennes bases, et aussi fut créé le nobiliaire de
l'Empire. Il existait déjà des princes et des ducs,
mais comme ces dignités élevées étaient seulement
le partage des grands de l'Empire, c'est-à-dire
des hommes qui avaient rendu de grands services
à la nation, comme ils représentaient les pairs
du nouveau Charlemagne, nul n'en murmura,
parce que nul ne fut jaloux de distinctions qu'il
ne croyait pas mériter et dont les titulaires étaient
trop peu nombreux pour être en rapports directs
avec le peuple autrement que par voie de protection. Et d'ailleurs la gloire de ces principautés,
de ces duchés semés dans toute l'Europe, rejaillis-
sait sur les corps d'armée dont la valeur les avait
conquis. Nous devons le dire, il n'en fut pas de
même quand Napoléon créa des comtes, des ba-
rons et des chevaliers·de l'Empire. Chacun vit
de trop près ceux qui en furent investis, du moins
en partie, pour en éprouver aucun prestige, rien
de cette idéalité sans laquelle la noblesse n'est
qu'un vain mot. On regarda trop les hommes et
pas assez l'institution pour apprécier la grande
pensée de Napoléon. Ainsi en avait-il été lors de
la fondation de la Légion-d'Honneur. On remar-

qua que les anciens républicains se montrèrent le plus âpres à la curée des titres. En même temps le mot de république française disparut, mais seulement alors, des monnaies françaises ; on y lut, avec l'effigie impériale NAPOLÉON EMPEREUR, la vieille légende *Dieu protège la France.* Mais, n'était-ce pas vrai alors, Dieu ne protégeait-il pas la France ? Déjà il n'était plus question depuis long-temps des dénominations de citoyen et de citoyenne ; l'usage avait rétabli le dimanche et les autres jours de la semaine, aussi bien que les noms des mois anciens et le millésime de l'ère chrétienne, de sorte que la suppression du calendrier républicain ne fut qu'une simple formalité à peine aperçue. On fit observer à l'occasion de la suppression du mot de république sur les monnaies que la dernière chose enlevée à la république par l'empereur fut son nom.

Nous ne le dissimulons point, nous nous plaisons à rester sur le sommet de gloire dont nous avons parlé. Quelle grandeur comparable à ce qu'était alors la grandeur impériale ! Sur toutes les parties du continent Napoléon fermait les débouchés ouverts au commerce de la Grande-Bretagne ; il en limitait l'extension ; ses troupes avaient momentanément repris Malte ; ses armées contrebalançaient l'influence anglaise dans le Portugal ; le Portugal et l'Espagne, de deux royaumes qu'ils avaient été, ne formaient plus que deux puissances mourantes et affermées, payant de redevances annuelles considérables la protection qui les pressurait. En même temps, un senatus-consulte érigeait le Piémont, les duchés de Parme et de Plaisance et les États de Gênes, composant le gouvernement général des départements au-delà des Alpes, en grande dignité de l'Empire. Le prince Borghèze, beau-frère de l'empereur, en fut investi ; peu après, rayant de la carte le royaume d'Étrurie, que lui-même il avait fondé étant consul, Napoléon fit de la Toscane un autre gouvernement général dont il confia la direction à sa sœur Élisa. C'étaient autant de conséquences du traité de Tilsitt.

Cependant, vers la fin de mars de cette année 1808, Murat commandant déjà, à titre d'alliées, des troupes françaises en Espagne, Napoléon fut informé des dissentiments survenus dans ce malheureux pays. Le père et le fils, Charles IV et Ferdinand VII, rois tous deux, l'un après une abdication forcée, l'autre après une acceptation contrainte, se renvoyaient, si l'on peut ainsi dire, une couronne que l'un voulait reprendre en y renonçant, que l'autre n'osait accepter en la con-

voitant, et que tous deux étaient également indignes de porter. Le père et le fils se plaignaient
justement l'un de l'autre, victimes d'intrigues
suscitées par un certain Godoy, auquel le roi et
la reine d'Espagne, dont il était le favori à titre
de double réciprocité, avaient donné le titre de
prince de la Paix ; ils voulurent soumettre leurs
différends au puissant arbitrage de Napoléon.
Dans les premiers jours d'avril, l'empereur était
à Bayonne.

Deux choses vraies et contradictoires en apparence sont à dire sur la part que prit l'empereur
aux querelles du père et du fils. Il n'y avait pas
assez long-temps que ses frères s'essayaient au
métier de roi pour qu'il pût savoir à quel point
peuvent se dégrader les majestés royales, de sorte
que, et ce fut sa propre expression, le conflit de
famille qu'on l'appelait à juger *lui fit mal au cœur.*
Il ne s'y attendait pas ; il fut pris à l'improviste ;
tout lui cédait, partout la fortune allait au-devant
de ses vœux ; les Espagnols qu'il consulta n'é-
mirent devant lui que des opinions divergentes ;
l'ambition de substituer sa dynastie aux derniers
rois de la dynastie des Bourbons eut voix au conseil, et la fatalité l'emporta. Ainsi voilà, après de
nombreuses difficultés, Napoléon maître d'un

sceptre de plus, malgré l'opposition prévoyante
de M. de Talleyrand. Joseph fut nommé roi
d'Espagne ; Murat, qui en convoitait le trône,
malgré une tentative d'empoisonnement exercée
sur lui à Madrid, alla succéder à Joseph sur le
trône des Deux-Siciles. A cette époque survint
dans le ministère un changement qui eut trop de
retentissement pour qu'il ne soit pas nécessaire
de le mentionner. M. de Champagny remplaça
M. de Talleyrand au ministère des affaires étrangères. Faisons observer que, malgré cette apparence de disgrâce, quelques mois après M. de
Talleyrand fut désigné pour accompagner l'empereur à Erfurth. Fut-ce une punition qui précéda une faveur, ou tout autre motif? Ce qu'il
y a de certain, c'est que le hasard seul ne donna
pas le château de Valencey pour résidence à
Ferdinand VII et à son frère don Carlos. Valencey appartenait à M. de Talleyrand. Quant à
Charles IV, on l'envoya à Compiègne, après quoi
il eut la permission de montrer à Marseille un
front découronné et sans rougeur. On peut voir
par là que Napoléon, en portant plus haut qu'elle
ne l'avait jamais été la majesté souveraine, mais
dans sa seule personne, la dégrada, et par les
rois qu'il détrôna, et par ceux qu'il institua.

Exceptons-en Murat ; pour mourir, il sut remonter au rang de soldat après être tombé d'un
trône.

Cependant l'empereur entra en Espagne, où
Joseph l'avait devancé. Il revint ensuite à Paris,
où il présida l'ouverture du Corps législatif. La
présidence qui avait appartenu jusque-là à M. de
Fontanes fut donnée à M. de Montesquiou. En
même temps, M. de Montesquiou fut nommé
grand chambellan, en remplacement de M. de
Talleyrand. Ces faits sont de si peu d'importance
que nous dédaignerions de les enregistrer s'ils
n'étaient pas revêtus d'un certain cachet de transition. Pourquoi ne dirions-nous pas qu'alors les
flatteurs, si habiles à détourner de leur cours les
plus généreuses propensions d'un maître, bour-
donnèrent aux oreilles de l'empereur leur har-
monie empoisonnée? Oui, le grand Napoléon paya
son tribut à l'humaine faiblesse en préférant la
voix des courtisans à celle des serviteurs, et ceux-
ci tombèrent dans un mutisme fatal et malheureusement prévoyant.

L'entrée de l'empereur à Madrid ne s'était pas
effectuée sans difficultés. Le fanatisme monacal
arma contre Napoléon ces hommes que l'on retrouve chez les peuples ignorants et superstitieux ;

hommes de conscience, dupes de bonne foi qu'exploite la lie spéculative dans des temps de division. Joseph était à Séville. Protégé par l'aigle fraternelle, il put se faire voiturer à Madrid, pendant que nos soldats faisaient verser leur sang pour qu'il y eût un Joseph inscrit sur la liste des rois. M. de Châteaubriand a fait remarquer que la plus grande gloire du garde Godoy, prince de la Paix, consista à perfectionner en Espagne la culture du melon ! Le roi Joseph, lui, à défaut de courage guerrier, eut le courage civil de refuser à son cuisinier Méot une place de conseiller d'État. Passons l'éponge, mais qu'un mot de justification nous soit permis sur ce que nous avons dit de l'envahissement des flatteurs à la cour impériale. Dans un discours prononcé à l'ouverture du Corps législatif par M. Molé, grand juge, ministre de la justice, on remarqua ces singulières paroles : « La conscription est un moyen de population, » puisqu'elle engage les jeunes gens à se marier » de bonne heure et à donner des enfants à l'É- » tat. » L'empereur, il est vrai, planait sur tout cela, mais la flatterie ressemble à cette goutte d'eau finale qui suffit à faire déborder le vase trop rempli.

Pendant que l'empereur était à Paris, les agents,

toujours actifs de l'Angleterre, travaillèrent l'esprit des meneurs espagnols et portugais. Des troupes anglaises commandées par le marquis de Welesley, devenu depuis le trop fameux duc de Wellington, furent débarquées en Portugal. Réveillant le souvenir de leurs anciennes cortès, des patriotes espagnols formèrent des bandes de guerillas, se retranchèrent dans leurs sierras, et bientôt l'Espagne ne fut plus qu'un vaste camp armé. Joseph avait pour lui ce parti flottant qui suit les caisses gouvernementales comme les oiseaux de proie suivent une curée. Les Français, seuls, soutinrent honorablement la mauvaise cause de Joseph, ils obéissaient à leur empereur.

Partout où se montrait l'empereur en personne la fortune n'osait pas paraître douteuse ; mais elle commença à lui être infidèle là où il n'était pas. Il apprend que l'Espagne se soulève, que Madrid s'est révolté ; la nouvelle lui en parvient le jour même où il préside l'ouverture du Corps législatif. Il part immédiatement de Paris. Il traverse Bordeaux, la ville la moins impériale des bonnes villes de l'Empire ; il ne s'arrête à Burgos que pour y donner ses derniers ordres. Après une résistance assez vive il se fait ouvrir les portes de Madrid. Que dire du gain de la bataille et de la prise de la capitale ? Tout cela est miraculeusement consigné dans une lettre que l'empereur écrivit au Corps législatif. Il n'y a point là de ce charlatanisme que l'on a quelquefois reproché aux bulletins de la grande armée; tout y est vrai : « Messieurs les députés au Corps » législatif, écrivait Napoléon, je vous envoie qua- » rante drapeaux. Je les destine à orner le lieu de » vos séances. Je vous les donne avec d'autant » plus de plaisir que je les ai pris à quatre cents » lieues de ma capitale dans la même quinzaine où » j'ai présidé à l'ouverture de votre session. »

Après avoir, qu'on nous passe ce mot, *replâtré* en Espagne les affaires de son frère Joseph, l'empereur, laissant le commandement de ses armées à des maréchaux , à des généraux expérimentés, à toute une population d'officiers qui brûlaient de se signaler ; l'empereur, disons-nous, revint encore à Paris où il posa à peine. L'heure était sonnée du rendez-vous qu'Alexandre et lui s'étaient donnés à Erfurth.

L'entrevue d'Erfurth tient une place à part dans la vie de Napoléon. Les princes , les rois même vinrent se ranger au nombre de ses courtisans. Là se trouvèrent les rois de Prusse , de

Saxe, de Wurtemberg et de Bavière, et, en outre, le nouveau roi Jérôme ; tous les princes de
la confédération du Rhin, dont l'empereur avait
récemment accepté le protectorat. Le grand-duc
Constantin accompagnait son frère. Dans une
ville prussienne, Napoléon fut chez lui et en fit
les honneurs à ses illustres conviés. Dans cette
réunion sans exemple et qui ne fut égalée, sinon
surpassée, que par la réunion à Dresde lors du
départ pour Moscou, l'empereur Alexandre se
montra le plus courtisan parmi les courtisans de
l'empereur Napoléon.

La Comédie-Française, dont la présence là où
il se trouvait était regardée par l'empereur comme
le plus beau luxe de sa souveraineté, avait reçu
l'ordre de s'y rendre. Les deux empereurs assis-
taient au spectacle dans la même loge. Un jour
que l'on représentait la tragédie d'*Œdipe*, de
Voltaire, au moment où l'acteur Saint-Prix,
chargé du rôle de Philoctète, eut prononcé ce
vers : « L'amitié d'un grand homme est un bien-
» fait des Dieux, » Alexandre se leva et embrassa
Napoléon ; à peu près comme depuis la restauration, à une représentation de l'opéra d'*Œdipe*,
Louis XVIII prit dans ses bras madame la duchesse d'Angoulême, allant au-devant d'une al-

19

lusion peut-être maladroite au vieillard aveugle
que pouvait seule guider Antigone. Dans la soirée qui suivit la représentation d'*Œdipe* à Erfurth, l'empereur dit à son acteur favori ces mots
remarquables : « Talma, vous avez dû être con-
» tent ; je vous avais fait un beau parterre de
» rois. » A Erfurth, en effet, les princes souverains étaient au parterre. Devant Napoléon, n'é-
taient-ils pas à leur place?

Encore un mot sur le théâtre d'Erfurth.
Depuis la fondation de l'Empire, on n'avait joué
qu'une seule fois à Paris *la Mort de César*.
L'opposition, n'ayant alors aucune voie de ma-
festation, soit dans les livres, soit dans les journaux, également soumis aux examens d'une censure rigoureuse, saisissait avec un incroyable
empressement tout ce qui, au théâtre, pouvait
donner lieu à des allusions la plupart du temps
mal fondées. Ainsi l'*Antichambre*, opéra-comi-
que de M. Dupaty, fut mis à l'idex et l'auteur
exilé sous le prétexte qu'il avait voulu tourner
en dérision les chambellans et les écuyers de la
cour impériale. Ainsi fut défendue la réprésen-
tation d'*Édouard en Écosse* de M. Alexandre
Duval ; ainsi le *Pierre-le-Grand* de Carion de
Nisas tomba dès la seconde représentation sous

une grêle de sifflets dont Fouché connaissait parfaitement bien l'origine ; même chose arriva au *Charlemagne* de Lemercier, quoique la pièce eût été jouée à Saint-Cloud sur le théâtre de la cour, avec l'approbation de Napoléon, avant d'être représentée devant le public ombrageux de Paris. La plupart des anciennes pièces n'étaient pas plus épargnées par la censure que les ouvrages nouveaux, et de nombreuses mutilations avaient été faites à *Héraclius*. Enfin, pour abréger ces observations incidentes, qu'il serait trop facile de prolonger, *la Mort de César* n'avait eu, lors de sa reprise, qu'une seule représentation. On concevra donc combien dut être grand l'étonnement de Talma, ancien républicain, quand l'empereur, ancien républicain aussi, mais alors à l'apogée de sa toute-puissance, lui dit : « Talma, » ceci est pour vous seul. Je veux que l'on » donne demain *la Mort de César*. Cela m'amu- » sera. Je verrai bien. Je serai bien aise de savoir » s'il y a des Brutus parmi toutes ces têtes de » rois. » La pièce fut jouée ; elle le fut en silence, et l'affectation à ne pas se laisser prendre au piége tendu prouva qu'il ne l'avait pas été sans de profondes présomptions. Soyons de bonne foi, le grand peuple avait raison d'idolâtrer son grand

empereur, qui le couvrait de gloire et de prospérités ; mais les peuples soumis, enchaînés, ne
pouvaient le voir des mêmes yeux que nous.

L'entrevue d'Erfurth, comme tout ce qui
pouvait, a pu et pourra rapprocher la France de
la Russie, redoubla alors les alarmes de l'Angleterre. Le système continental prenait une extension capable de l'inquiéter sérieusement. Partout on saisissait et on faisait brûler les marchan-
dises que le commerce anglais aventurait sur le
continent. L'émigration cantonnée à Altona et
dans le Holstein n'osait plus qu'à peine se nourrir d'espérances que l'on croyait bien vaines ; et
certes, parmi les gens sensés, les Bourbons et
quelques fanatiques attachés à leur cause étaient
seuls à ne pas la croire à jamais perdue. Cependant l'émigration, soit qu'elle fût au service
salarié de l'Angleterre, soit qu'elle-même elle se
servît de la haine britannique, comme d'un pavillon, pour couvrir ses intrigues, elle ne les
ralentissait pas et se tournait du côté où elle
supposait le plus de griefs et le plus de mécontentements. La Prusse soumise et terrifiée, la
Russie étant sous le charme dans la personne au
moins de son empereur, l'émigration atterrée par
l'entrevue d'Erfurth, reporta ses regards vers le

cabinet de Vienne. L'émigration n'est pas si mé-
chante qu'on l'a dit; mais toujours jactancte,
toujours prompte à se repaître d'illusions, elle
a eu cela d'heureux pendant la révolution et
sous le Consulat et l'Empire, qu'elle gagna en
rêve toutes les batailles livrées à l'empereur jusqu'au lendemain du jour où elles étaient perdues.
L'empereur se préoccupait beaucoup des allures
de l'émigration en Allemagne; Fouché ne manquait aucune occasion de la lui montrer comme
un fantôme menaçant. Le fantôme était plus tra-
cassier que dangereux.

Quoi qu'il en soit, au commencement de l'année 1809, l'Autriche cessant de couver en secret
des ressentiments que nous n'hésitons pas à déclarer fondés, voyant la mauvaise tournure que
prenaient nos affaires en Espagne, crut le moment favorable pour effacer la honte du traité de
Presbourg. Elle arma, d'abord en secret, et
réveilla dans la haute Italie les instincts anti-
français d'une partie des populations. L'Autriche
comptait un parti puissant en Italie. A cette
occasion, disons la vérité sur l'Italie et les Italiens, du moins sur ce qu'ils furent sous l'Empire
et depuis le commencement des guerres en Piémont et en Lombardie. En Italie, il n'y avait

point d'Italiens, à l'exception d'un petit nombre
d'esprits généreux, mais prudents, appartenant
aux classes élevées de la société. Quand les habitants étaient sous le joug autrichien, tous s'émou-
vaient à la pensée de la France; ils étaient
Français. Mais aussitôt que les chances de la
domination avaient tourné et qu'ils étaient soumis à la France, ils redevenaient partisans de
l'Autriche. Triste condition d'un peuple malade,
qui ne sait pas être libre et borne son ambition à
changer de dépendance.

Ce que nous venons de dire des dispositions
des Italiens aux approches de la campagne de
1809 nous amène à parler, plus tôt que nous
n'avions l'intention de le faire, des grandes pensées de Napoléon sur l'avenir des peuples et
notamment du peuple italien. Quand il se plaçait
sur les hauteurs de son génie et qu'il contemplait
le spectacle des masses humaines jetées sur l'Europe par la Providence, il s'en faisait, si l'on
peut ainsi dire, la seconde Providence, une Providence d'ordre et de régularisation chargée de
détails dédaignés comme trop infimes par la
Providence créatrice. Dans ces moments d'hallu-
cinations progressives, Napoléon prenait l'Europe dans sa main ; il la divisait selon les confi-

gurations géographiques , les influences du climat , les habitudes morales et l'usage du même idiome. Venant ensuite aux moyens d'exécution, il humiliait sa puissance devant la puissance du temps , et faisant de cette théorie sublime l'application à l'Italie pour laquelle il avait une prédilection marquée , il se disait : « Comment » refaire une Italie compacte, homogène ? Il » faut en repétrir les parties intégrantes , leur » donner à toutes l'unité de l'obéissance pour les » préparer à l'unité d'indépendance et de liberté. » Gênes ne voudra pas être une succursale de » Turin , pas plus que Florence de Plaisance et de » Parme ; le royaume de Naples se verrait humilié en devenant province romaine. Rome est » la capitale naturelle de l'Italie. C'était la tête » du vieil empire romain. Il faut refaire l'Italie » ce qu'elle a été ; mais pour l'asseoir sur une » base unique et stable, il importe qu'elle recon- » naisse un seul maître ; ce maître, ce sera moi. » Quand l'Italie se sera liée de mœurs , d'intérêts, » de patriotisme, je la détacherai de mon empire » et je referai l'Italie. » Telles étaient les préoccupations de l'empereur à l'égard de l'Italie, et ce que nous disons ici nous en avons eu la preuve évidente, émanée de l'empereur, à l'époque dont nous parlons et depuis. Mais il était dans les destinées de Napoléon de n'être compris qu'après sa mort, de sorte qu'aux approches de la seconde campagne de Vienne, il y avait, en Piémont et en Lombardie, des soulèvements organisés, des listes de proscriptions dressées, où étaient divisés en catégories les noms des Français. Le gain de la bataille de la Piava par le prince Eugène fit tomber les projets de soulèvement, et l'issue de la campagne de Vienne fit déchirer les listes de proscription.

L'élite de l'armée française et une partie de la garde impériale étaient en Espagne, quand Napoléon prit la résolution de se porter sur le Rhin, et de prévenir ses ennemis comme il avait coutume de le faire. Encore cette fois Joséphine vint l'attendre à Strasbourg, et ce fut la dernière fois qu'il rapporta d'une campagne la victoire et la paix. Comme à l'époque d'Austerlitz, l'armée fut transportée en poste en Allemagne, et d'abord elle marcha de triomphe en triomphe ; mais l'entrée à Vienne fut plus vivement disputée qu'elle ne l'avait été en 1805 ; les grandes batailles de Wagram et d'Esling en couvrant de gloire notre armée coûtèrent bien du sang, bien des hommes d'élite. Le maréchal Lannes, duc de Montebello,

y fut tué, et la pompe de ses obsèques à Paris ne
fit qu'attester un grand deuil avec plus de splendeur. On commença à peser dans une balance la
gloire d'un côté et de l'autre les grands sacrifices
qu'elle coûtait à la nation. Cependant aux ennemis
découverts la vieille Germanie vit surgir dans son
sein des ennemis secrets et armés d'idées trans-
formées en poignards. Ainsi, Staps tenta d'assassiner Napoléon à Schonbrunn, au moment où on
y traitait de la paix. Déjà des sociétés, destinées
à se développer plus tard et à grandir, s'organi-
saient dans l'ombre. L'enlèvement du pape à
Rome donna un caractère ou un prétexte religieux à des conciliabules timides d'abord, mais
qui devaient bientôt se transformer en *liens de
vertu*, en *ventes de carbonari*. Et toutefois l'enthousiasme de la France, quand Napoléon revint
vainqueur, ne fut pas moins grand qu'après les
campagnes précédentes, mais au fond des joies il
y avait quelque chose de sombre et de prévoyant.

A la nouvelle du divorce qui suivit de près le
retour de l'empereur, le peuple ne répudia pas,
lui, la bonne impératrice; il s'associa à sa disgrâce, et l'on vit, pour ainsi dire, dans l'air les
pronostics d'un avenir fatal. Le peuple, dans sa
sagesse instinctive, n'apprécia pas autant pour

son empereur l'honneur de faire entrer dans son lit une archi-duchesse d'Autriche, qu'il ne comprit la honte de l'empereur d'Autriche livrant sa fille pour adoucir les conditions d'un traité. On fouilla dans des souvenirs non encore oubliés, et l'on y trouva empreintes des analogies funestes. Marie-Louise fut reçue à Strasbourg comme l'avait été Marie-Antoinette ; on renouvela le même cérémonial ; et, sans être superstitieux, il fut permis de se livrer à des rapprochements dont on ne croyait pourtant pas que cinq ans suffiraient à rendre trop fondés. En même temps, il y eut dans le peuple des sympathies sincères pour les enfants de Joséphine. On plaignit Eugène, que tout le monde aimait et estimait, et quelle que fût l'admiration causée par les merveilleux prodiges de l'Empire, on trouva quelque chose de peu français, disons le mot, dans l'obligation où fut Eugène de préparer sa mère à une séparation impopulaire , et de remplir, dans cette douloureuse circonstance, ses fonctions d'archi-chancelier d'État. Ces idées que nous rapportons fidèlement furent celles du temps. Elles se sont effacées sous l'auréole de gloire que rehausse encore le prestige du malheur.

Pendant la seconde campagne de Vienne, Napoléon institua *l'Ordre des Trois-Toisons* , mais les statuts n'en furent jamais mis à exécution ; il ordonna aussi la construction d'une ville et de vastes casernes sur le plateau qui domine le Mont-Cenis, et, à son retour, il donna cent millions sur sa cassette pour les grands travaux des ponts-et-chaussées qu'il faisait exécuter sur divers points de l'Empire. Un fait unique dans les annales de l'honneur français, Macdonald, ramenant d'Italie le corps d'armée qu'il commandait, arriva sur le champ de bataille d'Esling à temps pour déterminer le succès de cette journée mémorable. Napoléon, descendu de cheval en présence de l'armée, l'embrassa et lui conféra le bâton de maréchal. Macdonald fut le seul maréchal nommé sur le champ de bataille.

Cependant l'empereur ne revint pas directement à Paris. Il s'arrêta à Fontainebleau. L'hiver de 1809 à 1810 fut triste. La cherté des grains donna des inquiétudes au gouvernement, mais ces inquiétudes disparurent avec l'arrivée de Marie-Louise. Aucunes fêtes n'avaient été aussi brillantes que les fêtes destinées à célébrer le mariage de l'empereur. On sait que son impatience devança les cérémonies d'usage, que Napoléon alla incognito au-devant de sa femme et la conduisit à Compiègne, et que le lendemain à Saint-

Cloud on formula par devant l'archi-chancelier de
l'Empire, et en présence de la famille impériale
réunie, l'acte du mariage, conformément au cérémonial de l'Empire. L'empereur parut amoureux
de sa femme, et l'amour qu'il inspirait rejaillit
d'abord sur sa compagne; mais ce fut pour peu
de temps. On s'accorda à dire que Marie-Louise
n'était point aimable pour ceux qui la servaient
ou l'approchaient. La maison de l'empereur reçut
un accroissement prodigieux ; le nombre des chambellans fut porté à cent , et ainsi des autres dignitaires de salon, d'anti-chambre ou d'écuries. L'é-
tiquette, que Napoléon aima trop, resserra encore
ses règles étroites.

Sous le Consulat et au commencement de
l'Empire, le comte de Metternich, fils du ministre
plénipotentiaire autrichien au congrès de Rastadt,
avait remplacé à Paris, dans les fonctions d'ambassadeur d'Autriche , le comte Louis de Cobentzel. A la dernière rupture avec son gouvernement M. de Metternich , retourné à Vienne,
fut à son tour remplacé par le prince de Swartzen-
berg ; nom fâcheux qui reporte nos souvenirs sur
l'une des fatalités du temps. De nouveaux rapprochements de faits surgirent de tous les esprits.
On se rappela la catastrophe de la place Louis XV

lors de la célébration du mariage de Marie-Antoinette, quand eut lieu l'incendie de l'hôtel de la rue du Montblanc, pendant le bal que donnait à l'empereur et à l'impératrice l'ambassadeur du père de Marie-Louise. On a beau se roidir contre les pronostics, il en est dont le langage n'est pas tout vanité. L'empereur ayant reconduit sa femme aux Tuileries revint sur le lieu de l'incendie et ne le quitta pas avant que le feu fût éteint.

Quelques jours après l'empereur et l'impératrice allèrent visiter la Hollande récemment réunie à l'Empire. Ce voyage fut plein d'intérêt, mais que de choses il nous faut passer sous silence ! Disons cependant combien Napoléon paraissait fier de montrer à sa jeune femme les nouvelles provinces ajoutées à son vaste empire.

A Paris, Savary, duc de Rovigo, avait remplacé Fouché au ministère de la police générale, et l'empereur, à la sollicitation de Cambacérès, avait substitué M. Pasquier à Dubois à la préfecture de police. C'était à la suite de l'incendie de la rue du Montblanc. Quand un malheur arrive et qu'on n'en découvre point la cause, il faut bien que quelqu'un en soit responsable. Ces changements de personnes dans les deux premières *dignités* de la police furent beaucoup plus

remarqués que d'autres changements ; c'est pour
cela que nous les signalons ; ce sera d'ailleurs
pour nous une occasion de faire observer combien l'empereur aimait peu à changer ses ministres, et combien il était superflu d'être doué d'un
grand mérite pour remplir convenablement les
fonctions de ministre sous l'Empire. A défaut d'autres, M. Maret, duc de Bassano, en serait la preuve
la plus épaisse et la plus compacte qu'il soit possible
d'en donner. M. Gaudin, duc de Gaëte, resta
ministre des finances, depuis le commencement
du Consulat jusqu'à la chute de l'Empire, parce
que c'était un homme d'un grand ordre et d'une
inattaquable probité ; M. le duc Decrès dut sa
présence beaucoup trop prolongée au ministère
de la marine, à son excessive économie des deniers de l'État appliqués au département dont il
était le chef et à son infatigable complaisance à
en faire un autre emploi. Les ministères dont les
titulaires varièrent le plus furent ceux des relations extérieures, de la guerre et de l'intérieur.
Au surplus, qu'est-ce que c'était, à l'exception de
M. de Talleyrand et de Fouché, qu'un ministre
sous l'Empire ? Un premier commis d'ordre ap-
pliqué au gouvernement de son bureau, et voilà
tout. L'empereur tombé, on put voir quelle

était la valeur réelle de la plupart des hommes de l'Empire, à l'exception des généraux d'armée, et des deux ministres déjà nommés auxquels il faudra ajouter M. de Champagny aux affaires étrangères, Caulaincourt, duc de Vicence, au même département, M. de Montalivet au ministère de l'intérieur, et Berthier, considéré seulement comme un infatigable chef d'état-major général.

Sous tous les gouvernements il existe un petit nombre d'hommes réellement supérieurs par leur mérite, mais qui languissent dans des positions secondaires, ce qu'il faut attribuer à plusieurs causes. Les uns sont trop modestes, trop dénués d'intrigue pour parvenir ; les autres, au contraire, effarouchent leurs chefs qui les retiennent sous le boisseau, parce qu'ils font sonner trop haut la trompette de leur future renommée ; enfin il y en a, et c'est peut-être le plus grand nombre parmi les hommes le plus distingués, dont la conduite privée est un éternel obstacle à leur fortune politique. Ceux-ci, sous l'Empire, étaient nombreux, mais, comme le gouvernement impérial était le plus moral de tous les gouvernements, on se servait d'eux ; l'empereur les recompensait bien, mais ils restaient constamment exclus des grandes dignités de l'État.

Les bureaux des administrations civiles, sous l'Empire, comptaient parmi les employés subalternes des hommes que l'on pourrait assimiler au corps des sous-officiers dans l'armée. Corps exclusivement populaire et qui contribua puissamment au maintien de l'admirable discipline qui distinguait les armées impériales. Quand l'empereur trouvait sous sa main, soit dans l'état civil, soit dans l'état militaire, un de ces hommes, il s'en emparait, et leur rapide fortune attestait son empressement à récompenser tous les mérites en les faisant tourner au profit de l'État. Dans ce cas, nul préjugé ne le retenait. Les causes mêmes pour lesquelles une classe nombreuse d'anciens privilégiés était encore à l'index de la révolution ne le retenaient pas non plus, et pourtant, malgré la tendance qu'on lui a supposée vers l'ancienne noblesse, Napoléon, tout en la caressant comme plus adroitement flatteuse, la sacrifia toujours aux mécontentements, souvent peu fondés des siens. Ainsi, après la campagne de Tilsitt, il licencia le corps des gendarmes d'ordonnance, sur quelques représentations du maréchal Bessières, et disgracia pour la même cause le comte de Thiard, ancien émigré, qu'il avait pris dans une vive affection. Ces détails pourront paraître puérils; selon nous, ils ne le sont qu'en apparence, et si nous leur avons donné place ici c'est qu'ils présentent Napoléon sous son véritable jour. Non, il ne fut ni despote aveugle, ni esclave de sa volonté quand il n'obéit pas à de profondes convictions.

L'année qui s'écoula entre le mariage de l'empereur et la naissance du roi de Rome fut, en apparence, la plus brillante année de l'Empire, mais en apparence seulement. Le fond des choses n'était déjà plus aussi solide qu'il l'avait été depuis la conclusion du traité de Tilsitt, jusqu'aux fatales affaires d'Espagne. Peu à peu, l'ambition satisfaite des frères de Napoléon reporta sa fatale influence sur l'Empire, et les rigueurs attachées à l'exécution du système continental dans la presque totalité de l'Europe ne mécontenta pas seulement les gouvernements non encore soumis à l'Empire; mais en ruinant leurs peuples, le système s'éleva entre les souverains et leurs sujets comme une cause vivace de dissentiment. Telle avait été la cause, en effet, de la démission volontaire du roi Louis de Hollande. Cet honnête homme ne pouvait consentir à régner plus longtemps sur des populations sans commerce, et qui n'avaient d'autre existence que celle que procure

le commerce ; telle fut plus tard la cause qui sé-
para Murat de l'empereur, et telle fut aussi, en
réalité, la cause de la rupture qui survint bientôt entre les cours des Tuileries et de Saint-Pétersbourg qui semblaient si étroitement unies. Nous
ne saurions dissimuler que le système continental
était devenu d'autant plus onéreux pour les nations qui y étaient soumises que l'empereur s'était
réservé le droit de concéder des licences, droit dont
il usa largement et qu'il n'accorda à aucune autre
puissance. Cela ne prouve rien contre la grandiose
idéalité du système considéré comme un moyen
de mettre le commerce anglais au ban de l'Europe, et, par là, de porter de vives atteintes à
l'Angleterre, que Napoléon considérait comme sa
seule ennemie. Ce n'est pas à nous, Français,
qu'il appartient de blâmer les préférences dont
nous étions incessamment l'objet de la part de
Napoléon, puisque, au fond même de ces injus-
tices envers les gouvernements, ses alliés, on
trouve cet immense amour de la France dont il
était pour ainsi dire possédé.

Avant de reprendre succinctement le cours des
événements qui vont se précipiter comme dans
une fabuleuse épopée jusqu'à l'abdication de
Fontainebleau, signalons un trait caractéristique

de la politique de l'empereur relativement à ses desseins secrets. Presque toujours il en jetait le bruit en avant pour que l'opinion, quand elle était contraire, s'usât sur ces bruits et se trouvât fatiguée, usée quand l'événement était parvenu à son point de maturité. Cela fut vrai surtout pour toutes les circonstances qui précédèrent ce fatal divorce vers lequel notre pensée se reporte toujours malgré nous. Cependant quand l'empereur eut un fils, quand les cent et un coups de canon des Invalides eurent proclamé la naissance du roi de Rome, la joie fut si grande, si générale, l'enthousiasme si communicatif d'un bout de la France à l'autre, que tout fut oublié jusqu'aux mauvais pronostics. Jamais, en effet, la naissance d'un enfant ne fut saluée par tant d'acclamations populaires; chacun semblait dire : Il nous est né un fils à tous. Cela était vrai. Que d'espérances, que de grandeurs attachées à un berceau. Dieu protégeait l'Empire et l'empereur, il donnait des chances de durée à sa jeune dynastie. Qui, alors, au milieu de ces splendides réjouissances qui signalèrent la venue au monde de l'héritier de Napoléon, quand l'empereur, environné d'un cortège de rois, comme des grands vassaux de la couronne impé-

riale, était monté au plus haut degré de puissance
dont jamais monarque ait joui sur la terre , qui
aurait osé dire que trois ans après la fortune de-
viendrait marâtre à Napoléon après s'être montrée si prodigue de ses faveurs. Ne le dissimulons point non plus , quelque douleur que nous
ayons à le dire, mais il n'est que trop vrai qu'a-
près la naissance de son fils le caractère de l'empereur éprouva de fâcheuses modifications nées
de l'enivrement de sa gloire. Il devint plus sensible à la flatterie des courtisans qu'il ne l'avait
été par le passé ; l'art de bien louer le maître fut
compté parmi les services rendus à l'État, et Napoléon se laissa faire une sorte de déification
humaine autour de laquelle s'établit une infran-
chissable ligne de démarcation entre lui et les
compagnons de gloire dont les bras puissants
l'avaient élevé sur le pavois. Personne, à la seule
exception de l'archi-chancelier de l'Empire, n'osa
plus adresser en public la parole à l'empereur,
autrement que pour répondre à ses questions.
Ajoutons comme un fait remarquable et dont
nous sommes à même de certifier l'exactitude ,
que les premières trahisons de M. de Talleyrand
envers l'empereur suivirent à très-peu de jours de
distance la naissance du roi de Rome. Sa fatale

sagacité découvrit dans ces enivrements surhu-
mains des chances néfastes qu'il caractérisa par
ce mot qui fut si malheureusement vrai : « C'est
» le commencement de la fin. »

M. de Talleyrand, pour la première fois depuis
la chute du Directoire, entra alors en communications avec la cour du comte d'Artois à Édim-
bourg, et sa lettre fut transmise par un bâtiment
couvert d'une licence et par l'entremise d'un ban-
quier célèbre qui était loin de s'en douter. Cependant la lutte en Espagne se continuait dans des
alternatives d'échecs et de succès ; on y perdait
beaucoup d'hommes, on y dépensait beaucoup
d'argent ; on y recueillait beaucoup de gloire,
mais sans profit pour la France. D'ailleurs, il
fallut bientôt négliger l'Espagne et cela dès le
commencement de l'été de 1811.

Arrêtons-nous à cette époque pour bien apprécier la situation des choses et signaler les diffé-
rences qui existaient entre les apparences et la
réalité. A l'exception de la Russie, qui d'ailleurs
était en guerre avec la Turquie, dont Napoléon
avait cependant trop négligé l'alliance, tous les
États de l'Europe étaient liés avec la France par
des traités d'aillance offensive et défensive ; mais
ces traités, dictés par un vainqueur à des vaincus

et nés par conséquent d'une nécessité contrainte,
n'étaient point, ne pouvaient pas être l'expression sincère des vœux des contractants. L'empereur avait presque toutes les forces de l'Europe
à sa disposition, mais il lui aurait fallu d'autres
forces pour les maintenir sous ses drapeaux. Déjà
le corps d'armée espagnol, commandé par la
Romana et retourné en Espagne pour s'y joindre
à l'armée anglaise, lui avait enseigné, et malheureusement en vain, jusqu'à quel point il faut
compter sur la coopération d'alliés qui couvent au
fond du cœur des intérêts contraires. L'Autriche avait trop récemment contracté une alliance
de famille avec Napoléon pour lever le masque
trop tôt et se tenir en dehors du mouvement,
mais qui pouvait se tromper sur ses souhaits d'a-
venir, sur des ressentiments que la honte de ses
défaites rendait poignants. La Prusse, irritée
des malheurs de sa belle reine, couvait sous de
faux semblants d'amitié, un désir de vengeance
qu'enchaînait la bonne foi de son roi, et depuis
quelque temps s'élevait en Suède un prince loyal
dans ses amours comme dans ses haines, un
prince ancien soldat, né Français, républicain de
bonne foi sous la République et que nous avons
vu opposé au général Bonaparte la veille et le

lendemain du 18 brumaire. Après cette désignation, il serait superflu de nommer Bernadotte, maréchal d'Empire, prince de Ponte-Corvo
et maintenant roi de Suède. Quand les états sué-
dois lui proposèrent, avec le titre de prince royal
de Suède, l'héritage du trône, il accepta. Napoléon fut totalement étranger à cette élection, qu'il
n'appuya ni ne chercha à empêcher. L'héritier
présomptif de la couronne de Suède, homme
sage, adroit, doué d'une grande valeur, d'un
mérite supérieur qu'il eut peut-être le droit de
croire méconnu, sut long-temps concilier ce qu'il
devait à son ancienne patrie et les devoirs que lui
imposait une patrie nouvelle ; mais la contiguïté
de la Suède et de la Russie le força à regarder la
lumière qui lui venait du nord. Alexandre lui fit
entrevoir plus tard, dans une conférence qu'ils
eurent à Abo, la possibilité de remplacer un jour
Napoléon à la tête du gouvernement français.
Ces éventualités, plus que problématiques, furent
considérées comme des rêves de fous ; qui oserait
assurer aujourd'hui, si surtout on sait comment
la Suède est gouvernée, que la réalisation du
projet d'Alexandre n'eût pas mieux valu pour la
France que tout ce qui s'y est passé depuis? La
Confédération du Rhin, la Suisse, l'Italie et le

Danemarck étaient aussi entraînés dans la sphère d'activité de Napoléon ; ainsi une vaste irruption se préparait et menaçait le nord. Admirons ici, comme une des plus incroyables prévisions d'un grand génie une observation de Montesquieu. « Jusqu'à présent, disait-il, il y aura bientôt un » siècle, jusqu'à présent, on a vu les peuples du » nord, attirés par le climat, envahir le midi et » y fonder des établissements durables; il se peut, » il est même probable que *d'ici à un siècle*, les » peuples du midi refluent vers le nord, mais les » chances ne seront point pareilles, et de grandes » armées doivent y périr. » Sans croire aux prédictions, il est permis d'être frappé de celle-ci.

L'empereur, cela est incontestable, souhaitait la guerre ; mais ce souhait intime était toujours voilé sous le désir du maintien de la paix ; Alexandre aussi voulait la guerre, car la paix telle qu'elle lui était imposée avec le système continental était devenue impossible. Les autres États de l'Europe ne pouvaient non plus la redouter, car il y a des positions extrêmes où il est permis d'invoquer le hasard.

Une fois sa détermination prise, Napoléon fit faire des préparatifs tellement immenses qu'on aurait dit qu'il s'agissait de la conquête du monde.

Avant de partir, emmenant toutes les troupes disponibles, il avait fait rendre un sénatus-consulte pour lever les gardes nationales qui furent divisées en trois bans. Il mit ordre à ses affaires diplomatiques en concluant, au mois de février 1812, un traité d'alliance offensive et défensive avec la Prusse, traité en vertu duquel les deux puissances contractantes se garantissaient l'intégralité de leurs possessions actuelles, et, par ampliation, garantissaient les possessions de la Porte-Ottomane en Europe, parce que, comme nous l'avons dit précédemment, la Russie était en guerre avec la Porte. Un traité semblable fut conclu au commencement de mars avec l'Autriche, et, vers la fin du même mois, Napoléon renouvela la capitulation de la France et de la Suisse. Enfin, au mois d'avril, on eut l'explication des fréquents voyages, que depuis plus de six mois, M. de Czernischeff, aide de camp d'Alexandre, faisait à Paris; ses intrigues mises à découvert, un employé des bureaux de la guerre, du nom de Michel, convaincu de lui avoir communiqué la situation des forces de la France en Allemagne, fut condamné à mort et exécuté. En même temps, c'est-à-dire avant de partir pour la campagne de Russie, l'empereur fit venir à Fontainebleau, le pape, détenu à Savone depuis son enlèvement pendant la campagne de 1809.

Après ces mesures prises, Napoléon partit pour Dresde, et emmena avec lui Marie-Louise, qui lui avait témoigné le désir de revoir son père. Ce fut à Dresde que, parmi les salons d'attente, il y eut *le salon des rois*.

Tout convergeait vers la Russie comme vers un centre unique ; des hommes, des chevaux, des charrois, des approvisionnements, des bagages de toute nature y étaient dirigés de tous les points du continent européen. L'armée de Napoléon ne se composait pas seulement de Français ni de troupes tirées des pays soumis à son influence immédiate, comme l'Espagne, l'Italie, la Suisse et la confédération du Rhin. La Prusse fournit un contingent de quinze mille hommes commandés par le général Yorck, et l'Autriche un corps d'armée de trente mille hommes, sous les ordres du prince Schwarzenberg, qui n'en conserva pas moins son rang d'ambassadeur auprès de Napoléon. C'était une singulière anomalie que de voir un ambassadeur, dont les fonctions sont toutes pacifiques, prendre à la guerre une part active. A dater de ce moment, tous les regards furent dirigés du côté de la Russie. Sans doute, il y eut beaucoup de vœux, beaucoup d'espérances, mais ces espérances furent mêlées de craintes qui n'étaient que trop bien fondées.

On n'attend certainement pas de nous que nous retracions ici le grand drame de la campagne de Moscou ; on en sait les détails comme on connaît les vieilles légendes que l'on respire, pour ainsi dire, avec la vie. Nous renverrons ceux qui veulent lire un roman plein de charme et d'émotions à l'ouvrage du comte Philippe de Ségur, et les lecteurs qui préfèrent une histoire sérieuse et authentique, mais plus sévère, à l'ouvrage du marquis de Chambray. Qui ignore que les Russes se replièrent constamment devant les armées impériales, que nous ne trouvâmes point d'armées à combattre, et qu'en se retirant les Russes ne laissaient derrière eux que des moissons détruites, des villes et des villages dépeuplés et abandonnés, sinon incendiés. On sait aussi de quelle stupeur cette guerre négative eût frappé tout autre que Napoléon ; mais enfin sur les bords de la Moskowa il trouva la bataille tant souhaitée par son impatience. Il la gagna cette bataille la plus meurtrière des temps modernes, et dans laquelle, sous un seul soleil, furent tirés cent quatre-vingt mille coups de canon, mais jamais victoire ne fut moins productive et aussi chèrement achetée. L'incendie éclaira l'entrée de nos aigles à Moscou. Napoléon croyait qu'Alexandre traiterait de la paix ; il attendit des offres qui ne vinrent point, le temps se consuma en vaines dispositions, et l'hiver, le plus terrible des hivers, devançant sa venue accoutumée, laissa une longue traînée de cadavres depuis Moscou jusqu'aux rives de la Bérésina, nom à jamais célèbre parmi les lieux témoins de grands désastres et d'irréparables catastrophes. Durant ce terrible retour vers les confins de la fidèle Pologne, que de souffrances ! que de douleurs inouïes ! mais aussi combien de prodiges d'héroïsme ! Un bulletin arrivé à Paris, un bulletin qui dissimulait assez peu nos pertes pour en laisser mesurer l'étendue, y jeta la consternation. Les derniers mots du bulletin étaient ceux-ci : « L'empereur ne s'est jamais mieux porté. » Pour la première fois on trouva que la santé de l'empereur, quelque précieuse qu'elle fût au peuple, n'était point une compensation suffisante à la destruction d'une innombrable armée, à la mort de tant de braves, de tant d'officiers tombés sous les coups de la froidure, encore gros de services à rendre à la patrie. Cependant on comprendra, maintenant que les maux sont guéris, les souvenirs de deuil effacés, que Napoléon, pour qui la partie n'était pas perdue, pour qui elle put être gagnée dans la campagne de Dresde de l'année suivante, devait avant tout remonter le moral de l'armée et de la nation ; mais dans le premier moment la chose ne fut pas ainsi comprise.

Quand il arriva à Paris, avec Caulincourt qui l'avait accompagné dans sa rapide excursion, Napoléon trouva la capitale encore émue de la tentative de Mallet et de quelques autres conjurés qui, du fond de leurs prisons, étaient parvenus à monter un coup dont la réussite eût peut-être été moins facilement empêchée si le trop fameux bulletin eût été déjà connu. Maîtres des autorités pendant quelques heures, les conjurés étaient parvenus à conduire en prison M. Pasquier et le duc de Rovigo, préfet et ministre de la police. Le général Hullin, commandant de Paris, fut blessé d'une balle à la tête ; mais enfin, les conjurés arrêtés furent exécutés au Champ-de-Mars, au nombre de quatorze. L'empereur apprit le châtiment en même temps que le crime. M. Frochot, préfet de la Seine, fut destitué pour avoir cru à la mort de Napoléon dont les conjurés avaient répandu la nouvelle.

Ce fut le 19 décembre, à huit heures du soir,

que Napoléon arriva à Paris. Fouché s'y trouvait alors, ce qui donna quelque ombrage au duc de Rovigo. Au nombre des consolations apportées à l'empereur par les événements, nous citerions la déclaration de guerre des États-Unis d'Amérique à l'Angleterre, mais cet avantage était plus que compensé par la signature récente du traité de Bucharest entre la Porte et la Russie, traité conclu pendant la campagne et qui avait remis à la disposition de la Russie un corps de troupes considérable précédemment employé contre les Turcs. Un conseil privé fut tenu à Paris; on y agita la question de la paix ou de la guerre; la guerre l'emporta encore, Napoléon ne voulant pas remettre au fourreau une épée empreinte d'humiliation.

La guerre arrêtée, Napoléon donna à tout ce qui l'entourait une impulsion miraculeuse. Tout marchait de front. Une artillerie nouvelle est créée, des hommes sont appelés par masses; on se résigne aux plus grands sacrifices; l'œil de Napoléon est partout, et dans l'entraînement qu'inspire sa propre confiance en lui-même, sa puissance est redevenue magique. Ce n'est pas qu'il n'y eut bien des plaintes secrètes, bien des prévisions funestes, mais ce n'étaient encore que des exceptions. Elles devinrent plus nombreuses, ces prévisions, quand on apprit la défection du général Yorck, commandant le contingent prussien. Singulière position d'un monarque! Le roi de Prusse dut blâmer un acte d'où devait surgir la résurrection de sa puissance. Cette défection était un premier exemple donné; il n'y avait donc plus que la guerre, et une guerre heureuse, qui pût assurer à Napoléon la fidélité de ses alliés.

Voilà donc encore l'empereur à la tête d'une belle et valeureuse armée; tous brûlent du désir de venger l'honneur de nos armes et surtout de prouver que seule la rigueur du climat a pu triompher de la grande armée. Cependant il avait nommé ambassadeur à Vienne le comte Louis de Narbonne, homme d'honneur, d'une exquise finesse et doué d'un esprit tout à la fois solide et conciliant; mais sa mission était trop difficile à remplir, aussi M. de Narbonne y échoua-t-il, sans que l'empereur en fût surpris, quoiqu'il se fût long-temps abusé sur la fidélité de son beau-père à son alliance. Napoléon, au point où en étaient les choses, ne pouvait plus compter que sur l'efficacité d'un seul ministre plénipotentiaire, la Victoire. En partant pour une nouvelle campagne il confia la régence de l'Empire à Marie-Louise, et l'entoura d'un conseil de régence.

Le gros de l'armée française était en Saxe. A peine Napoléon fut à sa tête que le gain successif mais rapide des batailles de Lutzen et de Bautzen lui ouvrirent de nouveau les portes de Dresde. Là, il serait inutile de le nier, ce ne fut plus la bonne mais la mauvaise étoile de Napoléon qui le guida ; il put faire la paix, une paix honorable. Le royaume d'Italie, détaché de sa couronne, restait en propre à Eugène ; en restituant au pape l'État romain, il conservait comme annexes de l'Empire le Piémont et peut-être la Toscane ; il abandonnait la Hollande et les nouveaux dépardements anséatiques qui, de fait, n'étaient déjà plus en sa possession ; il conservait la Belgique avec la ligne du Rhin jusqu'aux bouches de l'Escaut et le titre de protecteur de la confédération du Rhin. Ses deux dernières victoires l'aveuglèrent, s'il nous est permis de juger les déterminations d'un grand homme avec la faiblesse de nos lumières. Les grands de l'Empire, les maréchaux le blâmèrent, mais son ambition fut la plus forte, ou plutôt cet immense amour de gloire dont il aimait tant à couvrir la France. Pour lui c'était tout perdre que de ne pas tout conserver, et comme ses victoires depuis quinze ans étaient nées les unes des autres, les désastres qui l'attendaient devaient s'engendrer dans un échelonnement pareil. Le refus de traiter sur des bases raisonnables fit déclarer l'Autriche qui, jusque-là, s'était maintenue par pudeur dans une sorte de neutralité malveillante ; enfin la bataille de Dresde, vaillamment disputée, mais dont l'issue fut sans résultat, donna le signal de la retraite sur plusieurs points, et bientôt elle devint générale. Qui ne sait que Moreau, transfuge de sa gloire, reçut la mort à Dresde où un boulet de canon le frappa dans les rangs ennemis. Qui n'a encore présents à la mémoire le fatal passage de l'Elster où mourut Poniatowski, et la mort de Duroc, et la mort du maréchal Bessières et de tant d'autres généraux qui tombaient autour de Napoléon comme des avertissements du ciel ; faut-il rouvrir les annales des calamités glorieuses empreintes dans les champs de Leipzig et redire l'encombrement des débris de nos bataillons dans la ville de Mayence? Ce sont d'épouvantables souvenirs, mais il en reste la gloire que de génération en génération la voix des peuples portera jusqu'au ciel.

Quel spectacle que celui de la dislocation d'un

vaste empire comme l'était l'empire français!
Maintenant il ne s'agira plus de conquêtes;
l'aigle est rentrée dans son aire, il faut qu'elle le
défende. Napoléon va combattre comme il com-
battait en Italie quand son astre se leva sur le
monde étonné; partout sa présence sera signalée
par des triomphes; partout la puissance de son
génie comprimé par les forces réunies de l'Europe
produira des explosions terribles et épouvan-
tera ses ennemis ; mais il sera accablé par le nombre, peut-être trahi. Des députés viendront fiè-
rement attacher le grelot quand ils croiront émous-
sées les griffes du lion, et à dix années d'un
pusillanime silence succèderont des voix qui por-
teront à l'étranger la confidence des inquiétudes
de la France. Nous voyons encore Napoléon dans
la vaste salle du trône où l'entourent les officiers
de la garde nationale de Paris; nous l'entendons
lui confier son fils comme un dépôt sacré, et le
lendemain il quitte Paris pour n'y plus revenir
qu'après une première abdication. Montmirail,
Champaubert, Brienne, là où il avait passé les
premières années de son enfance, sont témoins de
prodiges qui sembleront un jour fabuleux; chacun de ses mouvements est le signal d'une défaite
de l'ennemi; s'il triomphe, les souverains armés

pour l'accabler s'enfuient à de longues distances, et cependant d'innombrables masses marchent sur Paris ; elles en menacent l'enceinte ; c'est en vain qu'on traite de la paix ; la bonne foi mobile des puissances contractantes augmente leurs prétentions et place Napoléon dans la nécessité de refuser son adhésion en exigeant de lui des conditions honteuses. Il leur a trop souvent rendu leurs États noblement conquis pour que la honte, de ces souvenirs et la flétrissure que leur imposa sa générosité ne les pousse pas à l'humilier dans sa chute ; enfin ils l'abattent, mais sans gloire pour eux, et comme pour rehausser sa gloire. Voilà la capitale, la ville vierge depuis les conquêtes des Normands, polluée par la présence de ces mêmes soldats qui trois ans auparavant marchaient sous le drapeau de l'Empire ; la capitulation est signée ; les magistrats de l'ordre civil ont fait leur devoir en ne compromettant point la ville qui leur est confiée, mais Joseph, le lieutenant-général de l'empereur, a fui le danger dès l'heure de midi, et Napoléon est pour ainsi dire relégué à Fontainebleau où l'attendent dix jours de torture. Jamais il ne reverra ni sa femme ni son fils.

A Dieu ne plaise que nous essayions de peindre les tribulations qui, comme le vautour de la fable, dévorent les entrailles de Napoléon pendant ces cruelles journées. Il lui faut tout subir, l'abandon de ses maréchaux, de ceux qu'il a le plus admis dans son intimité, le plus comblés de ses faveurs. Ne les nommons point, l'histoire s'est chargée de cette vengeance. Accablé, abattu, insulté à Paris par ceux qui rampaient le plus bas devant lui, par le Sénat lui-même, il abdique pour lui ce trône qu'il a élevé si haut. Que lui font à lui ces grandeurs? à lui qui aspire à redevenir soldat! La France seule le préoccupe, c'est pour elle qu'il veut conserver la couronne à son fils; mais la force matérielle ne le veut pas, mais des milliers d'intrigues croisées l'ont enlacé dans un dédale dont il ne peut plus sortir, il signe un acte d'abdication sans restrictions pour lui et les siens; mais quand le sacrifice est consommé, la vie lui devient à charge, il invoque à son secours quelques gouttes d'une liqueur empoisonnée qu'il portait dans ses campagnes, pour que le chef des Français ne pût jamais tomber comme un vivant trophée entre les mains des ennemis de la France; mais Dieu veille encore sur lui, et le remède demeure inefficace. Il part pour l'île d'Elbe, et son dernier baiser est pour son armée, pour sa fidèle garde ; il le dépose sur la joue d'un chef digne de cette faveur, et que la Providence a conservé pour recevoir aux Invalides, vingt-six ans après, les reliques du grand Napoléon.

V.

Les Cent Jours.

C'est un affreux spectacle pour les hommes désintéressés dans leur patriotisme, et qu'éclaire une certaine philosophie basée sur l'amour de l'humanité, que la chute d'un gouvernement, enfin ce que l'on appelle en langage politique une révolution. L'estime que mérite le peuple augmente au milieu de ces commotions, parce que le peuple seul obéit à cette voix de conscience que l'on a si bien appelée la voix de Dieu. Les hommes attachés aux machines gouvernementales inspirent des sentiments tout contraires ; les vices voilés se montrent au grand jour, lorsque surtout ces luttes d'ambition, ces combats d'égoïsme où s'acharnent les plus avides, se renouvellent à des intervalles de temps trop rapprochés. Comment les historiens ne deviendraient-ils pas moroses, misanthropes, quand ces études forcées du cœur humain se présentent à eux.

En disant les choses qui se passèrent lors de l'abdication de Napoléon à Fontainebleau, nous avons joint nos larmes aux larmes des vieux soldats de la grande armée pleurant leur grand empereur, et s'indignant de ne pouvoir faire encore de nouveaux sacrifices à sa gloire. Cependant nous ne saurions le dissimuler, l'amour du peuple pour Napoléon, sans être éteint dans tous les cœurs, s'était considérablement attiédi ; les campagnes dépeuplées, la jeunesse enlevée par la conscription, l'agriculture manquant de bras, l'exorbitance de l'impôt, le deuil des familles, se réunissaient comme autant de causes de lassitude. Les circonstances étaient donc favorables aux Bourbons s'ils avaient su apprécier le caractère généreux de la nation, si les restes de l'émigration, revenus à leur suite, ne s'étaient interposés entre la nation et eux. Le bon sens populaire n'augura rien de bon dans l'avenir quand il vit les mêmes hommes qui avaient concouru à l'érection de l'Empire se jeter frauduleusement dans les bras des nouveaux souverains, avec l'intention de les servir fidèlement tant que la fortune leur serait fidèle, et de se tourner contre eux aussitôt que la fortune viendrait à les abandonner. L'armée fut humiliée, le peuple comprit que le règne de l'égalité cessait avec le règne de Napoléon ; enfin il fallut que l'empereur fût perdu pour la France pour que la France comprît l'étendue de la perte qu'elle avait faite. Napoléon, comme des hommes prévoyants le dirent à l'époque de la fondation de l'Empire, avait refait le lit des Bourbons ; ils s'y couchèrent, mais ils ne ne purent s'asseoir solidement sur le trône qu'il avait réédifié avec tant de splendeur et de gloire. Au nom de Napoléon, on opposa le nom vague de la liberté. Qui, alors, demandait une charte ? Soyons vrais : personne, à l'exception de quelques vétérans de la révolution et de quelques hommes vieillis dans l'intrigue, se réservant la manutention de la loi suprême de l'État pour en museler la royauté et l'exploiter au gré de leur ambition et de leur cupidité.

Un pamphlet célèbre avait paru aux premiers jours de la Restauration. Ce pamphlet, intitulé : *Bonaparte et les Bourbons*, était l'œuvre de M. de Chateaubriand. La gloire littéraire attachée au nom de l'illustre auteur ne nous imposera pas au point de nous empêcher de le proclamer : le premier germe du retour de Napoléon était déposé dans l'éloquente insolence de cette diatribe, dont l'effet immédiat fut de scinder la nation en deux partis. Si Napoléon n'avait été qu'un brigand couronné par la victoire, tous ceux qui l'avaient servi devenaient, par une conséquence forcée, les complices d'un brigand ; si bien qu'au lieu de s'appuyer sur la seule force existante, la force de la France impériale, les Bourbons s'étayèrent sur deux faiblesses ennemies, les reliques de l'ancien régime et les débris dispersés de la révolution. Certes, M. de Chateaubriand, dont la générosité de caractère est incontestable, ne crut pas faire à ses maîtres le mal qu'il leur fit ; mais ce mal ne nous parut pas moins évident alors qu'il ne nous le paraît aujourd'hui. Tel est l'effet trop commun produit par des esprits enthousiastes prêchant des croisades quand il faudrait invoquer l'esprit de conciliation. Retiré à l'île d'Elbe, où il jugeait les événements comme un habile pilote suit les déviations de l'aiguille aimantée, Napoléon, dès les premiers jours de son exil, disait : « Les Bourbons auraient dû faire pour moi ce » que j'ai fait pour eux : je ne permettais pas que » l'on en parlât, ils ne devraient pas souffrir qu'on » parlât de moi, soit en bien, soit en mal. » Les injures, les grossièretés dont il était l'objet de la part des folliculaires royaux ; les horreurs mensongères dont on chargeait sa renommée venaient, il est vrai, se briser au pied de son génie ; mais cette acrimonie offusquait ses vieux guerriers, et, par sa criante injustice, ravivait dans le peuple des souvenirs de gloire à mesure que s'effaçaient les malheurs engendrés par nos derniers désastres. Alors s'établirent, si l'on peut ainsi dire, d'insaisissables communications entre la France et l'île d'Elbe ; ici on parlait de l'empereur, là-bas il se préoccupait des souffrances et des humiliations du peuple et de l'armée. Ces communications prirent un corps ; quelques hommes dévoués à l'empereur et à sa gloire lui rendirent visite dans sa retraite, une rumeur de mécontentement plana sur la France, et le peuple et l'empereur s'entendirent sans se parler.

Durant son séjour à l'île d'Elbe, Napoléon occupa les sept cents hommes de sa garde qui l'avaient accompagné à des travaux de chaussées et de terrassements, comme il y avait occupé la grande armée au camp de Boulogne. Nous savons d'un témoin oculaire un fait que nous croyons ignoré. Un jour le colonel du génie Fleury de Chaboullon, inspecteur des travaux, trouva les travailleurs oisifs ayant jeté çà et là leurs pelles et leurs pioches.

22.

Il les harangue et ils répondent par des murmures. Il en informe l'empereur. Aussitôt Napoléon se rend seul au milieu de ses soldats et d'une voix ferme il commande la reprise des instruments de travail comme il aurait commandé une manœuvre, et tous obéissent avec la ponctualité militaire en criant : Vive l'Empereur! Quel homme! Et quels hommes aussi que ces soldats héroïques transformés en autant de Cincinnatus !

Cependant le vent de France souffla plus fort à l'île d'Elbe vers le commencement de l'année 1815. Des préparatifs miraculeux furent faits dans l'ombre et le silence. Enfin, guidé par son étoile qui lui disait que sa mission n'était pas accomplie, Napoléon et les siens s'embarquent secrètement , ils voguent vers la France. Dieu protège leur traversée. Ils évitent tous les obstacles et débarquent au lieu même où débarqua Napoléon à son retour d'Égypte ; mais la route qu'il va miraculeusement parcourir, devancé par ses aigles volant de clocher en clocher , il la parcourra pour la dernière fois. Partout depuis le golfe Juan jusqu'à Paris ce n'est qu'un cri d'enthousiasme; Grenoble lui ouvre ses portes; Lyon salue le restaurateur de son ancienne splendeur.

Il n'avait point d'armée et son armée se forme d'étape en étape, de garnison en garnison, et dans tous les hauts lieux le drapeau tricolore remplace le drapeau blanc. Mais cette armée comment et de quoi s'est-elle recrutée ! Des généraux, des officiers, des soldats envoyés à sa rencontre pour s'opposer à sa marche, tous ont reconnu la voix de leur visir. A Lyon, un seul homme reste fidèle au comte d'Artois, Napoléon le décore de la Légion-d'Honneur pour récompenser sa fidélité ou peut-être pour en constater l'unité.

Disons ici un mot de Murat, nous le devons à sa mémoire. Placé dans des circonstances horriblement difficiles pendant les années précédentes, sentant l'impossibilité de concilier ce qu'il devait à l'empereur avec ses devoirs de roi envers le peuple napolitain, Murat avait sacrifié sa reconnaissance à ses devoirs de roi. Faut-il le blâmer, faut-il l'absoudre ? Quoi qu'il en soit, il se repentit de son ingratitude envers l'empereur, et, bien évidemment, il établit de secrètes communications avec l'île d'Elbe et favorisa le départ de la flottille qui ramena Napoléon, mais non plus sa fortune. Cela résulterait au besoin du rapprochement de deux faits. Dans le courant de février Murat demanda à la cour de Vienne l'autorisation

de faire passer par ses provinces de la haute Italie
une armée dirigée sur la France, et ce fut le vingt-
six de ce même mois de février que l'empereur
quitta l'île d'Elbe. Vingt-deux jours après l'empereur coucha aux Tuileries.

Napoléon, gouverné alors par la nécessité, dut
improviser un plan autre que celui qu'il avait
conçu avant de quitter sa retraite; mais il ne
connaissait pas bien la situation de ses ennemis,
et, comme il l'avait si souvent fait avec succès, il
espérait les prévenir. Voici quel était le plan arrêté dans sa haute pensée et dont l'exécution eût
frappé l'Europe de stupeur. Il faisait marcher
Murat sur Milan et soulever l'Italie. Le Pô une
fois passé, Napoléon avec les corps de Suchet, de
Brune, de Grouchy, de Masséna, augmentés
de troupes envoyées en poste à Lyon, devait
franchir les Alpes, révolutionner le Piémont, y
recruter une armée, se joindre en Lombardie aux
Napolitains, y proclamer l'indépendance de l'Italie, la réunir sous un seul chef et marcher ensuite
à la tête de cent mille hommes sur Vienne, par
les Alpes Juliennes dont la victoire lui avait déjà
montré le chemin en 1797. En outre, de nombreux émissaires, répandus dans la Pologne et la
Hongrie, devaient y parler de liberté et d'indépen-

dance pour inquiéter la Russie et l'Autriche. Ainsi Napoléon aurait devancé l'époque dès long-temps marquée dans sa pensée pour l'affranchissement de tous les peuples de l'Europe. D'après son plan, il étendait ses opérations sur une ligne de cinq cents lieues d'Ostende à Vienne par les Alpes et l'Italie ; il se procurait d'immenses ressources en tout genre, empêchait l'empereur d'Autriche, non seulement de faire marcher ses troupes contre la France, mais le forçait probablement de faire cesser une guerre dont les provinces héréditaires auraient fait tous les frais. Tels étaient les projets gigastesques dignes du génie qui les avait élaborés.

La Providence en ordonna autrement. Nous ne tairons point, pour rester dans le vrai, qu'à l'enthousiasme des populations et de l'armée succéda à Paris dans la soirée du 20 mars, nous ne savons quel silence d'expectative, quel air morne et lourd on semblait respirer par la ville. C'est qu'un changement trop brusque venait de s'opérer, c'est que ce qui excitait la joie des uns consternait les autres, et que beaucoup de gens, encore dans l'incertitude, se tâtaient pour savoir le parti qu'ils devaient prendre ; c'est que surtout Fouché, par des agents qu'il n'avait cessé de tenir à sa disposition, Fouché, que Louis XVIII avait commis la faute de vouloir faire arrêter quelques jours auparavant, avait fait répandre dans Paris, nous ne savons quelle odeur révolutionnaire capable d'affliger les hommes qui, comme nous, étaient demeurés fidèles à l'empereur, mais à l'empereur exerçant sa toute-puissance impériale dans l'intérêt du peuple. Nous entendîmes sur le Carrousel, au moment où Napoléon descendait de voiture, moins de cris de *vive l'empereur* que de cris : *à bas la calotte*. Nous en fûmes d'autant plus douloureusement affectés que nos souvenirs nous reportèrent involontairement à l'époque où le premier consul prit pour la première fois possession du palais des rois, en plein jour et au bruit d'acclamations universelles.

Nous ne croyons pas à la pluie de crapauds que l'on dit accompagner certains orages, mais nous croyons à une pluie de conseillers intimes et bénévoles, d'hommes d'état et de grands politiques qui surgissent d'entre les pavés à la suite de toutes les crises gouvernementales. Dès le lendemain, les murs de Paris étaient placardés d'enseignements sur l'art de gouverner adressés à l'empereur. Comme depuis un an l'esprit révolutionnaire, déguisé sous le nom de libéralisme , avait fait de grands progrès; comme la répugnance inspirée par les Bourbons s'était cachée sous un feint amour de la charte, il se trouva un parti néfaste, spéculateur ou niais, qui voulut enlacer Napoléon dans des articles additionnels aux constitutions de l'Empire, comme une autre nuance du même parti s'était efforcé d'étreindre Louis XVIII dans les rets d'une charte. Enfin Fouché aspira à devenir le restaurateur du trône impérial comme l'année précédente M. de Talleyrand l'avait été du trône royal. Certes, nous ne médisons point d'une sage représentation nationale; après l'égalité des droits nous ne prisons rien plus que la liberté d'en jouir, mais nous disons que les meilleures choses peuvent être frappées d'inopportunité, que si jamais dictature fut nécessaire, indispensable, ce fut une dictature sans réserve remise alors entre les mains de Napoléon. Au lieu de cela, au lieu de lui accorder cette plénitude de confiance qu'il méritait et que le peuple consulté lui eût décerné de nouveau, les Proxénètes de la légalité dans les deux chambres et parmi les publicistes ambitieux le mirent dans la position où serait un homme auquel on aurait lié les deux bras et les deux jambes et auquel on dirait ensuite : «Agis et marche.»

Fouché, ministre de la police générale de l'Empire pendant les Cent-Jours, était évidemment l'agent de Louis XVIII. Il en recueillit la récompense et la honte. Carnot, malgré sa rigidité républicaine, se laissa faire comte de l'Empire étant ministre de l'intérieur. Hâtons-nous d'ajouter que si nous citons presque simultanément ces deux hommes, ce n'est point, Dieu nous en garde! que nous ayons l'intention d'assimiler une vertu républicaine qui faiblit aux tortuosités d'un labyrinthe qui s'est fait homme. Seulement, comme pendant les Cent-Jours Napoléon fit plus qu'il ne lui était humainement possible de faire, nous voulons rejeter ses malheurs qui furent ceux de la France sur les hommes qui lui mirent des entraves avec de bonnes ou de mauvaises intentions. Quel aveuglement! Comme si jamais un peuple pouvait être libre au dedans, quand son indépendance n'est pas assurée au dehors! et combien l'empereur souffrait de se voir accuser d'ambition personnelle quand il ne rêvait que l'affranchissement et la gloire de la patrie. Oh! oui, l'empereur eut bien à souffrir, même avant l'enchaînement de malheurs qui mit fin au règne des Cent-Jours.

Voilà cependant Napoléon aux Tuileries et

son infatigable activité enfante des miracles non moins extraordinaires et plus rapides que sous le Consulat; des régiments entiers sont formés, armés et équipés comme par enchantement. Bientôt il a recréé une armée formidable munie d'un immense matériel. Il sent la nécessité de la paix, mais il se dispose à la guerre, et l'Europe est encore en armes, et les contingents russes n'ont pas encore repassé le Borysthène, et les prétendus alliés de la France sans son empereur qu'ils ont mis au ban des nations, se repentent du mal qu'ils n'ont pas fait à la France dans la dernière campagne; alléchés par les souvenirs de Paris, ils convoitent les trésors de la capitale et ces chefs-d'œuvre des arts dont la main de Napoléon avait doté la grande nation. Leur générosité, peut-être contrainte par la prudence, leur apparaît comme un remords; et le congrès des souverains et de leurs plénipotentiaires est encore assemblé à Vienne, et ces souverains et ces plénipotentiaires sont les ennemis personnels de Napoléon, et les uns ne lui pardonnent pas de trop larges restitutions de territoire après la conquête de leurs États, et les autres nourrissent contre lui de ces haines implacables qu'engendre l'ingratitude. Au congrès de Vienne, la politique agit en dehors de

l'humanité parce qu'elle n'eut pour conseillère
que l'intrigue ; il s'y fit des lots de populations
attribués à telle ou telle puissance , comme dans
leur repaire des héros de grands chemins se partagent les dépouilles de leurs victimes. On y mé-
connut surtout les promesses de liberté qui en-
traînèrent les peuples de l'Allemagne vers le
Rhin et jusque sur la Seine , et cependant quelques brandons de discorde commençaient à s'y
manifester quand toutes les affaires disparurent
devant la grande affaire de Napoléon remouté sur
son trône. Ces dernières considérations nous ont
toujours fait penser qu'un an plus tard, l'empereur aurait réussi, car les liens d'intérêt qui unis-
saient les alliés eussent été , sinon rompus , au
moins infailliblement détendus.

M. de Talleyrand, ministre plénipotentiaire de
Louis XVIII à Vienne, était devenu l'esprit directeur du congrès, après y avoir inspiré des
défiances que justifiait son passé. Ce fut lui qui
resserra des intérêts prêts à se séparer en montrant Napoléon comme l'ennemi commun de l'Europe, il fit reconnaître et appliquer au royaume
de Naples le fameux principe de la légitimité. Cependant il exerça son influence personnelle d'une
manière honorable en empêchant le royaume de

Saxe d'être entièrement partagé en châtiment de la fidélité du roi de Saxe à la cause de Napoléon. Mais il empêcha aussi d'accueillir toute proposition de négociations entre l'empereur et la cour de Vienne. De là vint une espèce de mauvais prénostic répandu bientôt de Paris dans toute la France, quand on vit déçu l'espoir donné par Napoléon lui-même que l'impératrice et le roi de Rome lui seraient rendus.

Nous vîmes Napoléon pour la dernière fois sur la place Louis XV. Il était dans une voiture d'apparat et se rendait à la vaine cérémonie du champ de mai, ainsi nommée quoiqu'elle n'ait eu lieu qu'au mois de juin, peu de jours avant le départ de l'empereur pour l'armée. Sa physionomie, ce jour là, nous parut sombre et pensive comme si déjà un instinct révélateur lui eût ouvert le livre de sa destinée. A nous-même ce manteau impérial, cette couronne, cette pompe d'un brillant cortége nous parurent sans prestiges, et pourtant nous ne doutions pas des prochains triomphes de l'empereur. Nous ne nous trompions pas et nous sentons encore retentir en nous ce bruit devenu inaccoutumé du canon des Invalides proclamant des victoires. Eh bien , non, Paris n'était pas comme nous dans la joie. La

Bourse était devenue, non moins que le faubourg Saint-Germain, l'ennemie de Napoléon, avec la différence toutefois qui sépare le bas métier de l'agiotage d'une opinion toujours noble, alors qu'elle est sincère et désintéressée. Qui pourrait le croire ! La confiance des spéculateurs marcha en raison inverse de nos succès; les rentes montèrent de cinq francs quand fut parvenue à Paris la désastreuse nouvelle de la journée de Waterloo, écrite en lettres funèbres dans nos annales.

A deux jours d'éclatants triomphes succéda un jour de malheur quand le gain de la bataille paraissait assuré, quand déjà Bruxelles préparait des illuminations pour éclairer l'entrée dans ses murs de son ancien empereur. Napoléon fut-il trahi, ou bien n'y eut-il que des malentendus? Il nous faudrait trop d'espace pour examiner le pour et le contre d'une question que, d'ailleurs, nous n'oserions pas trancher. Nous ne croyons pas que les décrets de la Providence puissent toujours s'expliquer par des causes humaines, et nous ne nous déterminons à admettre l'existence d'un crime que quand ce crime est rigoureusement démontré ; mais, dans tous les cas, nous n'en admirons pas moins ce vertige d'honneur qui fait dire à celui qui succombe noblement : « Si

j'ai été vaincu, c'est que j'ai été trahi ! ». Et d'ailleurs, quelque grave qu'ait été l'échec fait à nos
armes, il n'était pas irréparable si l'empereur
n'eût pas laissé derrière lui des ennemis plus
dangereux et de plus implacables que les soldats
de Blücher et de Wellington. Il ne désespérait
pas, lui, du salut de la France, mais il ne croyait
pas qu'il fût possible de la sauver avec des phrases
emmiellées d'une monomanie entêtée ou d'un patriotisme spéculateur. Que demandait-il à l'Élysée, où il descendit en arrivant à Paris, et plus
tard à la Malmaison ? Il ne discutait pas les
droits de sa couronne populaire contre le patriotisme de ces gens qui s'en allaient dans le camp
ennemi, sans même y être admis et pour y demander un souverain à la Prusse. Il la déposait
cette belle couronne et ne voulait conserver que
son épée, d'autre droit que le droit de vaincre
pour la France et non pour lui. En vain son
frère Lucien, revenu en France depuis le retour
de l'île d'Elbe, voulut se faire entendre au Corps
législatif, entamer une négociation en faveur
d'un dévoûment à la patrie digne de la mort de
Codrus, les rancunes du 18 brumaire, suscitées
par Fouché, étouffèrent sa voix, et le grand
empereur, sacrifié à des convenances de bavar-

23.

dage, à des intérêts d'agiot, dut abdiquer une seconde fois comme un obstacle au rétablissement de la paix. Que de tribulations durent dévorer sa grande âme à la Malmaison qui lui rappelait tant de doux souvenirs de gloire et d'avenir ; mais ainsi le voulurent ces prétendus citoyens, méconnaissant le plus grand citoyen sorti des mains du créateur. Ils trouveront à Sainte-Hélène un digne continuateur dans sir Hudson-Lowe. Du moins celui-là n'était pas un Français ! Ah ! si l'empereur eût écouté la voix du peuple, de ces véritables citoyens qui le saluaient encore de leur enthousiasme autour des murs de l'Élysée ! Un mot de lui, et ils eussent fait un autre 18 brumaire dont on n'eût peut-être pas osé contester la popularité puisqu'il eût été l'œuvre du peuple. L'empereur ne voulut pas le dire, ce mot décisif ; mais, nous sommes heureux de le faire observer : ce fut du peuple que Napoléon reçut les dernières consolations qu'il emporta de la France.

VI.

Sainte-Hélène.

De l'action incessante du temps résulte un effet de perspective inverse de la perspective qui naît de l'éloignement dans l'espace. Ainsi les monuments s'effacent à une certaine distance, tandis que les grands hommes croissent de jour en jour dans l'admiration des peuples et grandissent, si l'on peut ainsi dire, aux regards de la pensée, de cette vue intellectuelle que l'on nomme l'intelligence, et qui se propageant d'année en année, de siècle en siècle, construit pour la postérité l'édifice de renommées surnaturelles. On dirait qu'une main invisible s'applique à déblayer ce qui les entoura vivants, ces hommes exceptionnels, pour faire briller dans l'éternité le suaire de gloire qui les enveloppe d'une transparente auréole. Ceci est vrai pour Napoléon.

Tout à l'heure Napoléon quittait l'Élysée, ce palais où il se plaisait tant quand il allait s'y reposer du faste nécessaire que lui imposait aux Tuileries la grandeur de l'Empire ; il quittait la Malmaison, premier berceau et premier tombeau de sa puissance régulatrice. Déjà à Fontainebleau, un an auparavant, la mauvaise fortune de la France avait ajouté un fleuron à sa double couronne; mais il y avait là trop de gloire encore pour qu'il n'y fallût pas une plus forte dose de malheur, afin que le héros fût complet. Brutus consacra la grandeur de César; le poignard de Ravaillac cimenta la popularité traditionnelle du meilleur des rois de France; la ciguë d'Athènes n'avait-elle pas déjà, dans l'antiquité, déifié Socrate parmi les sages? Le Dieu même qui se fit homme pour nous enseigner à souffrir, ne voulut-il pas mourir couronné d'épines, en proie aux injures des Pharisiens, au milieu des tortures que lui infligèrent les bourreaux de Ponce-Pilate? Répétons-le : pour compléter un grand homme, il lui faut la consécration du malheur.

Voilà donc Napoléon abandonnant une seconde fois la France ensemencée de ses souvenirs. Tout ce qu'il voit sur sa route, il le voit pour la dernière fois ; pour lui chaque regard est un éternel adieu. Il traverse les campagnes et les villes ; les populations le saluent encore, mais les regrets sont sans espérances. Il arrive à Rochefort, lieu fixé pour son embarquement. Ses ennemis ont hâte de le voir séparé d'eux par l'immensité des mers ; ils craindraient que le sol tremblât sous la puissante pression de ses pieds. Lui, cependant, calme au milieu de la tempête, ce n'est point sur son sort qu'il gémit, mais il voudrait épargner une grande honte à l'humanité, il voudrait rehausser la seule puissance à laquelle il a fait une guerre nationale et généreuse ; il grandira sa chute par la générosité du vainqueur. Point. C'est en vain que, dans une noble lettre, Napoléon demande un asile au prince régent d'Angleterre ; la Grande-Bretagne rejette cette chance de réhabilitation, tant elle craint jusqu'à l'ombre du lion abattu. Napoléon ira donc à Sainte-Hélène, doter de son immortalité une île inconnue, la plus éloignée des continents, dont le climat est réputé malsain, et il s'embarque à bord du vaisseau le *Northumberland*. Des amis ! Napoléon en avait encore ; il en avait dans le peuple et dans les soldats de l'armée de terre qu'une couarde prudence songeait déjà à reléguer de l'autre côté de la Loire ; il en trouva aussi à Rochefort dans les rangs du peuple de la mer, parmi les matelots. Ces hommes, qui sont tous d'élite, voulaient le conduire aux États-Unis d'Amérique ; ils ne croyaient point au prétendu dédain de Napoléon pour la marine. Sur un bâtiment fin voilier, ils avaient pris la résolution de traverser la flotte anglaise qui bloquait le port ; chacun d'eux, pour accomplir une si belle mission, avait juré de faire sauter le navire s'ils étaient pris dans la traversée. Napoléon n'accepta point leur offre généreuse, quoiqu'elle offrît beaucoup de chances de succès ; il se résigna à tout ce que lui infligerait de tourments la haine britannique quand elle pourrait se venger de sa gloire sans danger, et il partit accompagné de quelques amis.

Les détails de la traversée de Rochefort à Sainte-Hélène, avidement recherchés alors, paraîtraient puérils aujourd'hui ; ils le seraient du moins pour nous qui, nous plaçant au point de vue où nous a fait arriver un quart de siècle, cherchons à immatérialiser un grand homme. Il vogue vivant, mais il ne peut pas dire comme Annibal : *Ingrata patria, ossa mea non habebis ;* puisque, ainsi que nous le dirons dans notre conclusion, sans l'apprendre à personne, ses ossements conservés sont rendus à son ingrate patrie. Oh ! oui ! la France, toujours le peuple excepté, fut bien ingrate envers Napoléon !

Tout est similitude ou constraste dans la vie de l'empereur. L'homme qui a su le plus de tout ce qu'il est donné aux hommes d'apprendre, s'enquérait le long de la route de ce qu'il ignorait ;

il questionnait avec affabilité les officiers anglais ,
et s'il se plaignait de ce que , par ordre de leur
gouvernement , ils lui déniaient le titre d'empereur , ce n'était certes pas pour lui , mais pour
l'honneur de la France qui lui avait décerné avec
tant d'enthousiasme ce titre d'empereur. Quel
titre pouvait ajouter à l'immensité de sa gloire et
de son génie!

La pensée qui nous préoccupe , quand nous
nous rajeunissons de vingt-cinq ans , quand nous
suivons le cours des événements ,, quand nous re-
voyons Napoléon dominant les terreurs de l'Europe du haut de son exil et que nous allons voir
exécuter la principale clause de son immortel testament où il réclame d'être enseveli sur les rives
de la Seine , cette pensée réside malgré nous dans
l'influence exercée sur sa gloire par ses malheurs.

Napoléon, porté à la souveraine puissance par
d'innombrables victoires , par la force de son
génie et l'assentiment général du peuple, fonda,
ou crut fonder une dynastie nouvelle. Suppo-
sons que Dieu ne l'eût pas traversé dans l'accomplissement de son œuvre et qu'il eût réussi
dans ses desseins; ou bien Napoléon vivrait
et régnerait sur la France, ou bien un de ses
successeurs serait assis sur le trône impérial.

Dans l'une ni dans l'autre de ces deux hypothèses heureuses, sa vie ne serait pas connue comme elle l'est ; ces torrents de poésie qui découlent de sa renommée et noient les poètes assez audacieux pour y puiser leurs inspirations , ces découvertes livrées par chacun à la publicité , ces correspondances où brille la naïveté du génie , tout cela serait enfoui dans des archives ou relégué dans la mémoire de quelques hommes pusillanimes, inquiets de si précieux dépôts ; ces vives lumières seraient étouffées sous des boisseaux officiels , l'empereur serait Napoléon-le-Grand ; mais l'homme , Bonaparte , ne dominerait pas de toute son immensité les grandeurs attachées à la nombreuse collection de titres impériaux. On connaîtrait le trône de Napoléon, on en aurait vu, comme il les a montrés , les ais recouverts de velours et d'or , mais nul, à l'aspect du trépied, n'entendrait la grande voix de la Sibylle.

Les grands faits énumérés dans les bulletins de la grandearmée, le récit de gigantesques combats, des allocutions césaréennes adressées au peuple et à l'armée par un empereur-tribun , des descriptions de fêtes grandioses , enfin tout l'extérieur officiel des actes enregistrés dans le Moniteur seraient tombés dans le domaine public, et le champ resterait ouvert aux interprétations, mais *le dedans* de l'empereur et de l'Empire demeurerait encore dans les lymbes du doute. Rien de tel ne se peut à présent. Pourquoi ? Parce que Napoléon a porté à Sainte-Hélène la croix de la France, parce qu'il y a subi sa passion, parce qu'il a appelé tout le monde et même les *parvulos*, les petits enfants, à lire dans le livre de son génie, de son génie reposé, résigné, désabusé, dominant tout et même sa gloire du sommet de sa raison, de cette faculté de l'esprit qui est le comble de l'impassibilité attachée au courage moral. Deux choses sont difficiles : dire la vérité, entendre la vérité. Une troisième chose est plus difficile encore : se dire la vérité à soi-même quand les paroles que l'on s'adresse doivent avoir du retentissement.

On voit sans doute que nous faisons ici allusion au *Mémorial de Sainte-Hélène*, et, par contre-coup, à quelques autres ouvrages plus ou moins écrits sous la dictée de l'empereur dans son exil ou que leurs auteurs ont recueillis de conversations familières. Pour ces sortes d'écrits, il n'y a point de contrôle possible ; dans l'impossibilité de certifier et de nier, il convient d'asseoir sa foi sur le plus ou le moins de créance qu'ins-

pire le caractère connu des apôtres. Ceci nous
amène naturellement à dire un mot des personnes
qui accompagnèrent Napoléon à Sainte-Hélène.
Nous ne dirons rien qui ne soit vrai, mais nous
fermerons la main pour n'en pas laisser sortir
quelques vérités fâcheuses. La mort, si elle ne
nous frappe le premier, rendra un jour à notre plume toute sa liberté; mais, en ce moment, nous ne
voudrions pas, par notre faute, voir errer l'ombre d'un scandale sur la tombe de Napoléon.
Toutefois nous ferons observer que, parmi les
compagnons d'exil de l'empereur à Sainte-Hélène,
il y en eut qui firent seulement ce que le plus
strict honneur leur commandait de faire, car il ne
faut pas supposer qu'aucun d'eux ait écouté des
spéculations de fortune, tandis que **M.** de **Las
Cazes**, digne dépositaire du patriarche américain,
qui fut le chef de sa famille, obéit à un mouvement d'honneur, de dévouement, de générosité,
patrimoine des vieilles races que les cours n'ont
point corrompues. Le monde félicite le général
Bertrand, le général Montholon, le général
Gourgaud de l'honneur qu'ils ont eu d'accompagner Napoléon à Sainte-Hélène; le monde remer-
cie **M.** de Las Cazes d'un héroïsme désintéressé.
Gentilhomme, sa mission inspirée eut pour but de

représenter le peuple français auprès de son empereur, et voilà comment et pourquoi le Mémorial de Sainte-Hélène s'est popularisé parmi nous au point que les autres ouvrages de même genre ne prennent faveur que par leur accointance avec le Mémorial.

Aujourd'hui le Mémorial de Sainte-Hélène est une espèce de catéchisme où l'on cherche les prémisses des grandes actions accomplies sous l'Empire. C'est un heureux pêle-mêle, sans dates précises, de souvenirs et d'explications, recueilli par une consciencieuse intelligence, où se joue la mémoire de Napoléon au gré des chatouillements qu'elle reçoit du passé, au gré aussi de quelques préoccupations relatives à des faits dont le grand homme n'hésite pas à faire le sacrifice aux intérêts de son caractère absolu. C'est ainsi considéré que le Mémorial de Sainte-Hélène peut devenir l'objet d'une vaste étude. Napoléon y règne toujours en maître souverain ; comme Auguste il est maître de lui ainsi qu'il faillit l'être de l'univers, et il commande quand il le veut à lui-même, à ses convictions, quand il s'agit de laisser planer sur d'autres têtes des fautes qui ne furent pas les siennes, quand une justification facile et vraie le mettrait à couvert des attaques de l'histoire, mais aux dépens de l'omnipotence de son autorité.

Ainsi, par exemple, Napoléon prend sur lui la responsabilité du meurtre du duc d'Enghien, parce qu'il ne veut pas, même quand ses actes n'appartiennent plus qu'à l'histoire, que qui que ce soit ait été assez osé pour agir sans son ordre. Sous les gouvernements représentatifs, les rois sont couverts par leurs ministres ; souverain absolu Napoléon couvrait ses ministres et tous les agents de son autorité. Cela explique le petit nombre d'erreurs volontaires consignées dans les dictées de Napoléon à Sainte-Hélène. Il y atténue, pour les mêmes causes, les formes acerbes employées vis-à-vis du pape, il ne nie point formellement son empoisonnement à Fontainebleau lors de la première abdication, seulement il démontre en thèse générale, sans s'en faire une application directe, l'absurdité qu'il y a à attenter à ses jours, en devançant les décrets de la Providence. Il a dit ce beau mot : « Se tuer, c'est déserter. » Mais dans toutes les conversations recueillies sous la dictée de Napoléon, glanées dans les moissons dont il prodiguait la richesse, que de trésors, non seulement sur les questions politiques, mais sur les questions sociales et littéraires, lorsque, pour nous servir d'une expression de Montaigne, il descendait des hauteurs de son génie, pour *deviser par le menu.* Toujours de l'indulgence pour les hommes quand il parle des personnes de son temps, et comme instinctivement, peu à peu, son humeur, que doit cependant aigrir la complication des douleurs physiques et des douleurs morales, bien plus insupportables, conduit doucement sa philosophie, si long-temps superbe et dédaigneuse, dans le sanctuaire des idées religieuses? Il a pardonné à tous et le calice lui fut versé jusqu'à la lie. Ne croyez point que nous cédions ici à des mouvements d'exaltation; mais à Sainte-Hélène, plus encore que durant le cours de sa haute fortune, nous voyons le doigt de la Providence incessamment suspendu sur la tête de Napoléon, tantôt pour l'élever, tantôt pour la courber, tantôt pour lui rendre une haute attitude, toujours pour le maintenir grand, aussi bien dans la prospérité que dans la disgrâce.

Un seul fait, et c'est le plus puissant de tous. Napoléon, nous l'avons dit et répété, parce qu'il y a des vérités qui surnagent toujours dans le discours, Napoléon, dans la plénitude de sa vie, dans l'immensité de ses actions, de ses projets, ne vit point d'autre ennemi réel, efficace, implacable de la France, que l'Angleterre. Dieu voulut que cette pensée de tous les jours, de toutes les nuits,

24.

descendît avec lui dans la tombe, pour en sortir un jour comme le seul phare lumineux capable d'éclairer le royaume que Dieu protége. Pour cela, pour que ce souvenir d'inimitiés légitimes, d'indignes tracasseries, de félonies coutumières fût toujours vivant devant ses yeux, la prévoyance divine inventa Hudson-Lowe, qui fut pour Napoléon une Angleterre personnifiée, chargée de le torturer jusqu'à sa mort.

Napoléon mourut à Sainte-Hélène, au mois de juin 1821. Dans notre conclusion, nous dirons comment enfin ses dépouilles mortelles nous sont rendues. Puisse sa mémoire nous inspirer !

VII.

Les Funérailles à Paris.

Le nombre sept était chez les anciens un nombre sacré ; il l'est devenu pour les chrétiens, transmis par des paraboles symboliques. Les grandes phases de l'histoire de Napoléon, y compris l'espèce de résurrection glorieuse que vient de lui donner le peuple, s'est divisée pour nous en sept parties distinctes , sans qu'il y eût aucune préméditation de notre part. Nous l'avons vu naître, et d'enfant devenir homme ; général en chef des armées d'Italie et d'Égypte ; chef du gouvernement consulaire , empereur, redevenu empereur pendant un règne de cent jours ; prisonnier à Sainte-Hélène , où il subit, si l'on peut ainsi dire , *la passion* qui précéda sa mort. Maintenant il ne nous reste plus qu'à raconter l'exécution du vœu le plus cher qu'il forma avant de mourir, et le retour en France de ses immortelles dépouilles qu'attendait une apothéose populaire. Chose extraordinaire ! ce fut le 2 de décembre, le jour anniversaire du couronnement de Napoléon, le jour anniversaire aussi de la bataille d'Austerlitz, qu'il entra dans le port de Cherbourg, où il avait fait exécuter tant de travaux , au lieu même que l'on appelait le port Napoléon , et où s'embarqua il y a dix ans Charles **X**, pour aller mourir aussi sur une terre étrangère. Respect à toutes les cendres !

Ces rapprochements dont fourmille notre histoire contemporaine , ces vicissitudes attachées aux grandeurs humaines portent l'âme à une mélancolique résignation, et rapprochent singulièrement les distances que le temps et le mouvement social ont établies parmi les hommes, et, dans les rangs les plus humbles, on serait souvent tenté de bénir l'inégalité des conditions contre laquelle a tant déclamé l'orgueil envieux des philosophes.

Depuis dix ans c'était en France une croyance encore vague, une de ces rumeurs que le temps réalise, que les cendres de Napoléon seraient rendues à la France. Par une sorte d'instinct on regardait cet événement, encore problématique, comme une conséquence nécessaire du ressurgissement au milieu de l'armée du glorieux drapeau de Marengo, d'Austerlitz, de Friedland et de Wagram. Chaque année, le 15 d'août, une troupe nombreuse de braves et de fidèles enfants de l'Empire déposaient des couronnes d'immortelles sur les aigles de la colonne que surmonte la statue de Napoléon, et tous exprimaient les mêmes vœux. Ces vœux devinrent des espérances lorsque l'impériale effigie eut repris sa place au sommet de la colonne ; mais quand, mais comment s'accomplirait l'œuvre de justice et d'expiation ? Nul n'aurait pu le prédire, quand enfin, le 12 mai de l'an 1840, le ministre de l'intérieur, M. de Rémusat, monta à la tribune de la chambre des députés, et dit :

« Le roi a ordonné au prince de Joinville de se rendre avec sa frégate à l'île Sainte-Hélène, pour y recueillir les restes mortels de l'empereur Napoléon. Le gouvernement, jaloux d'accomplir un devoir national, s'est adressé à l'Angleterre; il lui a redemandé le précieux dépôt que la fortune avait remis dans ses mains. A peine exprimée, la pensée de la France a été accueillie. Voici les paroles de *notre magnanime alliée :*
« Le gouvernement de Sa Majesté britannique
» espère qne la promptitude de sa réponse sera
» considérée en France comme une preuve de son
» désir d'effacer jusqu'aux dernières traces d'a-
» nimosité nationale qui, pendant la vie de l'em-
» pereur, armèrent l'une contre l'autre la France
» et l'Angleterre. Le gouvernement aime à croire
» que si de pareils sentiments existaient encore
» quelque part, ils seraient déposés dans la
» tombe où les restes de Napoléon seront dé-
» posés. »

Éblouis par la munificence d'une restitution si ardemment souhaitée par tout ce que la France possède de cœurs nobles et généreux, les députés en accueillirent la nouvelle par des applaudissements unanimes. On ne comprit pas et peut-être ne pouvait-on pas comprendre alors tout ce que renfermaient d'insidieux les paroles mielleuses du cabinet anglais. Les événements qui suivirent, l'insolence du ministère britannique, l'insulte faite à la France en la jouant d'accord avec la Russie, la Prusse et l'Autriche, en expliquèrent plus tard le véritable sens, mais ce fut à peine si l'on y fit attention. Actuellement et depuis que *notre magnanime alliée* est redevenue presque à découvert notre jalouse et insolente rivale, n'est-il pas permis de faire ces deux suppositions : ou bien l'empressement de lord Palmerston à accéder au vœu exprimé par le gouvernement français ne fut-il pas un leurre pour couvrir les futures humiliations qu'il préparait à la France ; ou bien calcula-t-il que ce serait une vexation de plus infligée au grand empereur, si l'Angleterre laissait inaugurer ses augustes reliques sur les rives de la Seine au moment même où son implacable ennemie exploiterait la pusillanimité du gouvernement français ? Pour qui connaît les subterfuges coutumiers du cabinet de Londres, ces suppositions n'ont rien d'inadmissible. Et d'ailleurs l'Angleterre, en nous rendant des dépouilles si précieuses pour la nation et le peuple français, n'a pas fait un sacrifice dont elle soit digne de comprendre le prix. Que lui fait la gloire d'un grand homme? Le corps de Napoléon n'était plus pour elle qu'une valeur morte, sans profit, et qui n'équivalait pas à ses yeux à la valeur du dernier comptoir marchand. Laissons toutefois de côté ces tristes récriminations, signalons plutôt la bonne fortune qui attachera éternellement au nom de M. Thiers l'honneur d'avoir réclamé les cendres de Napoléon et au nom du prince de Joinville l'honneur de les avoir ramenées en France.

Quand la nouvelle de cette grande réparation nationale envers la mémoire du héros qui éleva si haut la gloire de la nation française se fut répandue dans Paris et de là dans toute la France, elle causa, surtout dans le peuple, un enthousiasme dont nous aurions de la peine à donner une idée, si chacun de ceux qui nous liront ne l'avait éprouvé lui-même. La satisfaction fut générale, excepté dans les deux partis extrêmes.

Bientôt après, des discussions s'élevèrent de toutes parts sur le lieu le plus convenable au dépôt des immortelles dépouilles de Napoléon. Les uns, ne consultant que les souvenirs de l'Empire, voulaient qu'elles reposassent dans les caveaux de Saint-Denis que l'empereur avait fait restaurer et que, dans la plénitude de sa puissance et de sa gloire, quand il croyait avec la France avoir fondé une dynastie nouvelle, il avait désignés pour être à toujours le lieu des sépultures impériales; d'autres, et c'était peut-être le plus grand nombre, demandaient qu'on lui assignât pour dernière demeure le soubassement de la colonne de la place Vendôme; quelques-uns proposaient de lui élever un immense sarcophage sur la plate-forme de l'Arc-de-Triomphe de l'Étoile; enfin d'autres projets furent mis en avant, lorsque le gouvernement trancha ces diverses propositions en décidant que la tombe de Napoléon s'élèverait dans l'église des Invalides, protégée par le dôme magnifique destiné à la recouvrir. Cette désignation ne fut point accueillie sans de nombreuses critiques. Tout bien considéré, il nous semble à nous, que l'on n'accusera pas de prodiguer nos approbations, qu'à moins d'ériger à la mémoire de Napoléon un monument gigantesque comme sa gloire là où devait s'élever le palais du roi de Rome, que le choix du gouvernement fut le meilleur. A Saint-Denis, Napoléon n'eût été qu'un souverain et sa tombe mystérieuse eût été soustraite aux hommages et à la garde du peuple, et rien sous la colonne n'eût indiqué aux yeux le trésor qu'elle eût recouvert. L'église des Invalides, rendue au culte par Napoléon, redorée par ses soins comme elle l'avait été sous Louis XIV, peu de temps après son érection, présente selon nous l'avantage de convenir non seulement à l'empereur, mais aussi au premier consul et au général en chef des armées d'Italie et d'Égypte. Encore entouré de glorieux et vivants débris de la grande armée, son ombre y peut errer comme au milieu des camps et s'entretenir avec les deux plus beaux génies militaires du siècle de Louis XIV, Turenne et Vauban, placés par lui-même dans le temple de Mars, comme une garde d'attente, alors que la Providence ne permettait pas de deviner ses desseins futurs. Là, du moins, la tombe impériale est à la fois protégée contre l'intempérie des saisons et religieusement exposée au culte des innombrables sectateurs de sa gloire. Ce lieu, il est vrai, nous rappelle tant de souvenirs de la vie de Napoléon, que peut-être il a pour nous une poésie, une idéalité de convenance que ne partagent pas ceux qui n'ont pas assisté aux cérémonies consulaires et impériales encore présentes à notre mémoire.

25

Quand le premier consul rapporta à Paris, au commencement du siècle, les lauriers de Marengo, ce fut aux Invalides, alors le temple de Mars, qu'il en fit hommage au peuple français. En même temps, fut célébré, le jour correspondant au 14 juillet, l'anniversaire de la fédération, et la perte que venait de faire le nouveau monde de l'illustre fondateur de l'Union américaine, Washington. Deux ans après, une cérémonie analogue avait lieu pour célébrer la translation des cendres de Turenne dans le temple restitué au culte catholique ; enfin ce fut encore dans l'église des Invalides que, le 14 juillet 1804, Napoléon, récemment élevé à l'Empire, fit la distribution des croix de la Légion-d'Honneur aux régiments et aux dignitaires de l'armée et de l'Ordre. Ces imposantes cérémonies et les diverses visites que l'empereur fit depuis aux Invalides, notamment à l'occasion de son fatal mariage avec Marie-Louise ; les dotations dont il enrichit, moins encore qu'il ne l'aurait voulu, le splendide établissement consacré par Louis XIV au soulagement de la gloire malheureuse ; la belle argenterie qu'il lui fit donner comme un présent de noces par la nouvelle impératrice, les succursales fondées sur plusieurs points de l'Empire, tout cela nous revenait à la pensée durant la solennité funéraire du 15 décembre, solennité dont nous parlerons plus tard ; tout cela, disons-nous, se réveillait sous la voûte du dôme et se réunissait pour justifier le choix du gouvernement.

Que de choses sont bizarres, si le hasard seul les a produites, dans le rapprochement de certaines dates ! Nous avons vu tout à l'heure les restes de Napoléon entrer dans le port de Cherbourg le jour anniversaire du couronnement et de la bataille d'Austerlitz ; maintenant, quel jour la frégate la *Belle-Poule* quitta-t-elle Toulon pour l'accomplissement de sa noble mission à Sainte-Hélène? Précisément, à vingt-cinq années d'intervalle, le 8 de juillet, jour anniversaire de la seconde rentrée de Louis XVIII à Paris, quand Napoléon montait à bord du *Bellérophon*, prêt à le conduire au lieu de son exil. A cette époque le prince de Joinville, commandant de la *Belle-Poule*, n'était pas né, et à son bord se trouvaient le général Bertrand, le général Gourgaud, le fidèle Marchand, Archambaut et Saint-Denis, qui, tous, étaient montés avec Napoléon sur le *Bellérophon*. Là aussi se trouvaient le jeune Las-Cases, que son père avait emmené enfant à Sainte-Hélène, et M. de Rohan-Chabot, et l'abbé Coquereau, désignés par le roi pour compléter le nombre des commissaires du gouvernement.

Sur la *Belle-Poule* aussi était placé le cercueil destiné à la translation des restes mortels de Napoléon. C'était un sarcophage de forme antique et dont les dimensions étaient calculées de manière à ce qu'il pût contenir les divers cercueils dans lesquels était déposé à Sainte-Hélène le corps de l'empereur. Ce cercueil massif est en bois d'ébène, orné de ferrures et d'anneaux de bronze que l'on avait établis pour en faciliter le transport. Napoléon est la seule inscription incrustée en lettres d'or sur le couvercle ; au milieu de chacune des parois est également incrusté à l'extérieur un N en bronze. Le cercueil d'ébène en renferme un autre en plomb, décoré d'ornements gravés en creux et dorés. Sur le couvercle de ce cercueil on lit l'inscription suivante !

NAPOLÉON ,

EMPEREUR ET ROI ,

MORT A SAINTE-HÉLÈNE

LE V MAI MDCCCXXI.

Le poêle est en velours violet, semé d'abeilles d'or, doublé d'hermine et bordé d'une splendide broderie d'or dans laquelle est placé le chiffre de l'empereur.

Tels furent les hochets de la mort envoyés de France à Sainte-Hélène. L'expédition dura près de cinq mois, c'est-à-dire du 8 juillet jusqu'à la fin de novembre; on la suivit en France de vœux et d'espérances, mais non sans mélange d'inquiétudes. Quand on crut à la possibilité d'une guerre avec l'Angleterre, on se demanda si *notre magnanime alliée* ne ressaisirait point sa proie au milieu des mers, ou si elle ne donnerait pas pour sépulture définitive à Napoléon l'Océan dont elle affecte l'empire. Avide de nouvelles, on en reçut à peine; on craignit, en voyant l'expédition se prolonger, qu'elle n'eût été retardée dans sa marche par des temps contraires; enfin on apprit le retour de la *Belle-Poule* sur les côtes de France, aussi inopinément que l'on avait appris le 12 mai la restitution tant souhaitée des cendres de Napoléon. Le 30 novembre, en rade de Cherbourg, le prince de Joinville adressa au ministre de la marine un rapport dont nous croyons devoir extraire les passages suivants.

Après avoir annoncé au ministre que le 8 d'octobre il mouilla sur la rade de James-Town, le prince ajoute :

« Mon premier soin a été de mettre **M.** de Chabot, commissaire du roi, en rapport avec **M.** Meddlemore, gouverneur de l'île. Ces messieurs avaient à régler, selon leurs instructions respectives, la manière dont il devait être procédé à l'exhumation des restes de l'empereur et à leur translation à bord de la *Belle-Poule*. L'exécution des projets arrêtés fut fixée au 15 octobre.

» Le gouverneur voulut se charger de l'exhumation et de tout ce qui devait avoir lieu sur le territoire anglais. Pour moi je réglai par un ordre les honneurs à rendre dans les journées du 15 et du 16, par la division placée sous mes ordres. Les navires du commerce français la *Bonne-Aimée*, capitaine Gallet, et l'*Indien*, capitaine Turquetil, s'associèrent à nous avec empressement.

» Le 15 à minuit, l'opération a été commencée en présence des commissaires français et anglais, **M.** de Chabot et le capitaine Alexander. Ce dernier dirigeait les travaux. »

Nous supprimons le reste du rapport du prince de Joinville, pour ne pas anticiper sur les détails qui vont suivre, et où l'on trouvera d'une manière plus circonstanciée le récit de l'exhumation des restes de Napoléon.

La journée du 15 octobre, vingt-cinquième

anniversaire de l'arrivée de Napoléon à Sainte-
Hélène, avait donc été fixée, comme on l'a vu
précédemment, pour l'auguste et funèbre cérémonie. La veille, dans l'après-midi, les cercueils
venus de France sur la *Belle-Poule*, le char funèbre construit dans l'île par ordre du gouverneur, et les divers objets nécessaires pour les opérations, furent dirigés vers la vallée du Tombeau. A dix heures du soir, les personnes dési-
gnées pour assister, du côté de la France, à l'exhumation, descendirent à terre et se dirigèrent
vers le lieu de la sépulture. Le prince ne se mit
point à leur tête, pensant qu'en sa qualité de
commandant supérieur de l'expédition il ne devait pas paraître sur la terre anglaise pour assister à des travaux qu'il ne pouvait pas diriger. Il
aima mieux ne se montrer qu'à la tête des états-
majors, quand le moment serait venu de présider
aux honneurs à rendre à la dépouille mortelle de
l'empereur, tels qu'il les avait arrêtés.

Les généraux Bertrand et Gourgaud, MM. de
Chabot, de Las-Cases, Arthur Bertrand, l'abbé
Coquereau et ses deux enfants de chœur;
MM. Marchand, Saint-Denis, Novarraz, Pierron,
Archambault, serviteurs de l'empereur; les capi-
taines de corvette Guyet, Charner et Dozet, et

M. le docteur Guillard, chirurgien-major de la *Belle-Poule*, furent seuls introduits dans l'enceinte réservée autour du tombeau, pendant la durée des opérations.

La vallée était gardée, depuis le coucher du soleil, par un détachement des soldats de la garnison, ayant ordre d'en écarter toute personne qui n'aurait pas été désignée par l'un des commissaires. On a vu que le capitaine Alexander avait été choisi par le gouverneur de l'île. Ce fut cet officier qui, accompagné des cinq principales autorités de l'île, reçut sur les lieux le commissaire français, M. de Chabot, et les autres envoyés de la France.

Commencés à minuit, les travaux préparatoires étaient terminés le 15 octobre à neuf heures et demie du matin ; la terre avait été entièrement retirée du caveau, toutes les couches horizontales démolies et la grande dalle qui recouvrait le sarcophage intérieur détachée et enlevée. Les travaux en maçonnerie cimentée, qui entouraient de toutes parts le cercueil, et auxquels les dix-neuf années déjà écoulées n'avaient porté aucune atteinte, l'avaient tellement préservé des effets de l'atmosphère et des infiltrations de la source voisine, qu'à la première vue il ne semblait aucunement altéré. Le sarcophage en dalles, parfaitement conservé, était à peine humide. Dès que l'abbé Coquereau eut récité les premières prières, le cercueil fut retiré avec un soin religieux et porté par des soldats du génie, la tête découverte, sous une tente dressée pour le recevoir auprès du tombeau.

Après la cérémonie religieuse et la levée du corps, les cercueils intérieurs furent ouverts sur la demande du commissaire français, afin que M. Guillard pût prendre les mesures nécessaires pour garantir les restes mortels de Napoléon de toute altération ultérieure ; le premier cercueil extérieur était légèrement altéré ; le cercueil de plomb était en bon état et contenait deux autres cercueils, l'un en bois, l'autre en fer-blanc, dont les recouvrements furent successivement enlevés avec le plus grand soin. Le dernier cercueil avait été doublé intérieurement d'une garniture de satin blanc, qui, détachée par l'effet du temps, était retombée sur le corps et l'enveloppait comme un linceul, en y adhérant légèrement.

Oh ! comme le cœur dut vous battre en ce moment solennel, à vous tous, compagnons du héros, qui alliez savoir si la mort avait respecté les traits du grand homme que vous avez pleuré

quand vous lui fîtes, sur les bords de cette tombe,
des adieux que vous avez dû croire éternels !
Quel tableau ! quel spectacle ! Ils sont là en proie
à la crainte, à l'espérance, osant à peine respirer.
Que n'y étions-nous nous-mêmes ! Cependant, la
main du docteur Guillard a délicatement soulevé
l'enveloppe de satin ; la vie des assistants est tout
entière dans leurs regards. Oseront-ils en croire
leurs yeux voilés de larmes ? C'est Napoléon, Napoléon lui-même qui leur est apparu. Malgré l'altération des traits de son beau visage, ils l'ont reconnu ; c'est bien lui. Le temps a respecté la beauté
idéale et la blancheur de ces mains, si habiles à
porter le sceptre et l'épée. Son costume a peu souffert, vous en reconnaissez les couleurs ; il est revêtu
de l'uniforme qu'il porta en vainqueur sur tant
de champs de bataille ; voilà ses épaulettes, moins
noircies par la tombe qu'elles ne le furent si souvent par la poudre du canon et la fumée des bivouacs ; voilà ses décorations qu'il ne détachera
plus de sa poitrine pour en parer la poitrine d'un
brave ; voilà ce chapeau qui fut peut-être la plus
belle couronne dont il ceignit la puissance de son
front. Sa pose elle-même est pleine d'abandon,
comme s'il dormait entre deux victoires. Tel il
était à peu près déposé sur son lit de parade le

jour même de sa mort. Le général Bertrand, Marchand et les autres personnes présentes qui avaient assisté à l'inhumation, ayant alors indiqué les divers objets déposés dans le cercueil, on les trouva tous dans la position exacte qui leur avait été assignée. On remarqua même que la main gauche que le grand-maréchal avait prise pour la baiser une dernière fois, au moment où l'on fermait le cercueil, était restée légèrement soulevée. Entre les jambes, auprès du chapeau, on apercevait les deux vases qui renferment le cœur et l'estomac.

Après un très court moment de religieuse contemplation, les deux cercueils intérieurs furent refermés; l'ancien cercueil de plomb fut assujetti fortement à l'aide de coins de bois et on les souda l'un et l'autre avec les plus minutieuses précautions; ensuite on ferma le sarcophage en ébène ainsi que son enveloppe en bois de chêne. Alors le commissaire anglais remit au commissaire français la clé du sarcophage, en lui disant, au nom de son gouvernement, que le cercueil renfermant les restes mortels de Napoléon serait considéré comme étant à la disposition du gouvernement français aussitôt qu'il serait arrivé au lieu d'embarquement vers lequel il allait être dirigé.

A trois heures et demie le canon des forts annonçait à la rade que le cortége funèbre se mettait en marche vers la ville de James-Town. Les troupes de la milice et de la garnison précédaient le char recouvert du drap mortuaire dont les coins étaient tenus par les généraux Bertrand et Gourgaud, et par MM. de Las Cases et Marchand. Les autorités et les habitants suivaient en foule. Le char, attelé de quatre chevaux et décoré d'emblêmes funèbres, avait été préparé avant l'arrivée de l'expédition. Un magnifique manteau impérial envoyé de Paris recouvrait le drap mortuaire. M. l'abbé Coquereau marchait en avant précédé d'un enfant de chœur portant la croix.

Depuis le moment du départ jusqu'à l'arrivée sur le quai, le canon des forts et les batteries de la Belle-Poule ont tiré de minute en minute. Après une heure de marche, la pluie qui tombait depuis le commencement des travaux cessa tout à coup, et en vue de la ville le cortége trouva un ciel brillant et un temps magnifique. N'était-ce pas un renouvellement de ce prestige qui sembla si long-temps soumettre les éléments aux vœux de Napoléon quand il voulait passer une revue.

Au bord de la mer, là où s'arrêtaient les lignes anglaises, le prince de Joinville, qui s'est montré digne de la grande mission dont il fut chargé, avait réuni autour de lui les officiers de la division française. Tous, en grand deuil et la tête découverte, ils attendaient l'approche du cercueil qui s'arrêta à vingt pas. Alors le gouverneur de l'île qui conduisait le cortége, s'avançant vers le jeune prince, lui remit officiellement au nom de son gouvernement le cercueil de Napoléon. Aussitôt le cercueil fut descendu dans la chaloupe de la frégate disposée pour le recevoir. « Là encore, dit le prince de Joinville dans son rapport, l'émotion a été grave et profonde ; le dernier vœu de l'empereur mourant commençait à s'accomplir, ses cendres reposaient sous le pavillon national. »

En ce moment tout signe de deuil fut abandonné et l'on rendit à la dépouille mortelle de Napoléon les mêmes honneurs que, vivant, aurait reçus l'empereur. Au milieu des salves des navires pavoisés, avec leurs équipages rangés sur les vergues, la chaloupe, escortée par les canots de tous les navires, prit lentement le chemin de la frégate. Arrivé à bord le cercueil fut reçu entre deux rangs d'officiers sous les armes et porté sur le gaillard d'arrière disposé en chapelle ardente. Une garde de soixante hommes commandée par le plus ancien officier rendit les honneurs. L'aumônier veilla près du corps toute la nuit, et le lendemain, 16, à dix heures du matin, les officiers et équipages des navires de guerre et de commerce français étant réunis à bord de la frégate, un service funèbre solennel fut célébré et l'on descendit ensuite le corps dans l'entrepont où une chapelle ardente avait été disposée pour le recevoir. A midi la frégate appareilla.; mais elle ne put mettre à la voile, non plus que la *Favorite*, que le 18 au matin, retardée par le temps nécessaire à la rédaction des procès-verbaux. Après une traversée heureuse et facile qui ne dura que quarante jours l'expédition touchait à son terme, comme nous l'avons dit, à la fin de novembre.

Avant de signaler quelques circonstances honorables pour le commandant de l'expédition, pendant le retour de Sainte-Hélène en France, nous ajouterons aux renseignements précédemment exposés l'extrait d'une pièce dont l'histoire doit garder fidèle copie. Nous voulons parler du rapport particulier du docteur Guillard. C'est en effet Napoléon que nous cherchons partout et nous ne devons pas omettre de le montrer au peuple tel qu'il apparut dix-neuf ans après sa mort. C'est le docteur que nous laissons parler, sans craindre qu'on nous accuse de quelques redites.

« **M.** le commissaire du roi m'ayant engagé à
ouvrir les cercueils intérieurs, j'ai dû les soumettre d'abord à quelques mesures sanitaires ;
immédiatement après, j'ai procédé à leur ouverture. La caisse extérieure était fermée par de
longues vis ; il a fallu les couper pour enlever le
couvercle ; dessous était une caisse en plomb,
close de toutes parts, qui enveloppait une autre
caisse en acajou parfaitement intacte ; venait enfin
une quatrième caisse en fer-blanc dont le couvercle était soudé sur les parois qui se repliaient en
dedans. La soudure a été coupée lentement et le
couvercle enlevé avec précaution ; alors j'ai vu
un tissu blanchâtre qui cachait l'intérieur du cercueil et empêchait d'apercevoir le corps, c'était
du satin ouaté formant une garniture dans l'intérieur de cette caisse. Je l'ai soulevé par une extrémité, et le roulant sur lui-même des pieds
vers la tête, j'ai mis à découvert le corps de Napoléon que j'ai reconnu aussitôt, tant son corps
est bien conservé, tant sa tête avait de vérité
dans son expression.

» Quelque chose de blanc qui semblait détaché de la garniture couvrait comme d'une gaze
légère, tout ce que renfermait le cercueil. Le
crâne et le front, qui adhéraient fortement au

satin, en étaient surtout enduits ; on en voyait
peu sur le bas de la figure, sur les mains, sur
les orteils. Le corps de l'empereur avait une position aisée ; c'était celle qu'on lui avait donnée
en le plaçant dans le cercueil ; les membres supérieurs étaient allongés, l'avant-bras et la main
gauche étant appuyés sur la cuisse correspondante, les membres inférieurs légèrement fléchis.
La tête, un peu élevée, reposait sur un coussin ;
le crâne volumineux, le front haut et large, se
présentaient couverts de téguments jaunâtres,
durs et très-adhérents. Tel paraissait aussi le
contour des orbites, dont le bord supérieur était
garni de sourcils. Sous les paupières se dessi-
naient les globes oculaires, qui avaient perdu
peu de chose de leur volume et de leur forme.
Ces paupières, complètement fermées, adhéraient
aux parties sous-jacentes et se présentaient dures
sous la pression des doigts. Quelques cils se
voyaient encore à leur bord libre. Les os propres
du nez et les téguments qui les couvrent étaient
bien conservés, le tube et les ailes seuls avaient
souffert ; les joues étaient bouffies ; les téguments
de cette partie de la face se faisaient remarquer
par leur toucher doux, souple et leur couleur
blanche ; ceux du menton étaient légèrement

bleuâtres : ils empruntaient cette teinte à la barbe qui semblait avoir poussé après la mort. Quant au menton lui-même, il n'offrait point d'altération et conservait encore ce type propre à la figure de Napoléon. Les lèvres amincies étaient écartées, trois dents incisives extrêmement blanches se voyaient sous la lèvre supérieure qui était un peu relevée à gauche. Les mains ne laissaient rien à désirer ; nulle part la plus légère altération. Si les articulations avaient perdu leurs mouvements, la peau semblait avoir conservé cette couleur particulière qui n'appartient qu'à ce qui a la vie. Les doigts portaient des ongles longs, adhérents et très-blancs. Les jambes étaient renfermées dans les bottes ; mais, par suite de la rupture des fils, les quatre derniers orteils dépassaient de chaque côté. La peau de ces orteils était d'un blanc mat et garnie d'ongles. La région antérieure du thorax était fortement déprimée dans la partie moyenne, les parois du ventre dures et affaissées. Les membres paraissaient avoir conservé leur forme sous les vêtements qui les couvraient ; j'ai pressé le bras gauche, il était dur et avait diminué de volume. Quant aux vêtements, ils se présentaient avec leurs couleurs : ainsi on reconnaissait parfaitement l'uniforme des chasseurs à cheval de la vieille garde, au vert foncé de l'habit, au rouge vif des parements; le grand cordon de la Légion-d'Honneur se dessinait sur le gilet, et la culotte blanche cachée en partie par le petit chapeau qui reposait sur les cuisses. Les épaulettes, la plaque et les deux décorations attachées sur la poitrine n'avaient plus leur brillant; elles étaient noircies. La couronne d'or de la croix d'officier de la Légion-d'Honneur, seule, avait conservé son éclat.»

Tels sont les détails que nous avons cru devoir reproduire d'après le docteur Guillard, quoiqu'ils forment une sorte d'ampliation avec ceux que nous avons précédemment exposés; nous ne reviendrons pas sur la raison que nous en avons donnée. Ajoutons en outre que le docteur Guillard attribua l'état extraordinaire de conservation dont il fut frappé, pendant une opération qui ne dura que deux minutes, à l'extrême solidité de la maçonnerie du tombeau et aux soins apportés à la confection et à la soudure des cercueils lors de l'inhumation de Napoléon. Si d'ailleurs l'examen du corps de Napoléon ne fut pas plus prolongée, c'est que le docteur redouta l'influence de l'air sur les reliques si précieuses que la France possède aujourd'hui et que nulle puissance ne lui arrachera jamais, tant que l'amour de la gloire nationale et le culte de Napoléon ne seront pas éteints dans tous les cœurs.

Faisons ici une courte station pour examiner dans l'empereur, dont les dépouilles voguent sur l'Océan, l'action de la religion sur sa vie et dans les circonstances qui accompagnèrent ses dernières obsèques. La foi chez un grand homme est un magnifique exemple que nous nous plaisons à opposer au superbe dédain de ces prétendus chrétiens qui s'en vont disant que la religion est bonne pour le peuple. Bonne pour tous, la religion est encore meilleure pour les grands que pour les humbles. Né dans la religion catholique, apostolique et romaine, Napoléon à son lit de mort déclara, sans ostentation, qu'il voulait mourir comme il était né. Son génie superbe s'humilia devant Dieu, et pourtant il avait vécu à une époque où les hommes se vantaient de leur incrédulité; lui-même on le crut long-temps indifférent en matière de religion, parce que entraîné, dominé comme tant d'autres par cette stupidité pusillanime que l'on nomme respect humain, il s'abstint ostensiblement de toute pratique religieuse. Dès qu'il fut le maître, on le vit restaurer les églises, rappeler le clergé au bercail d'où l'avait chassé la révolution, braver les quolibets des faux philosophes, faire disparaître son nom du dictionnaire des athées où l'avait inscrit, à son insu et contre son gré, l'astronome Lalande, en un mot restituer à la chrétienté le royaume très-chrétien. Avant l'époque de cette soudaine restauration du culte catholique, on avait vu, au milieu des saturnales impies de la révolution, le général en chef de l'armée d'Italie donner des sauvegardes aux églises et aux établissements religieux, prendre les prêtres sous sa puissante protection et les assurer, dans les domaines que lui concédait la victoire, contre l'impiété républicaine. Parlant un jour de cette république monstrueuse, qu'il métamorphosa si miraculeusement en empire régulier, à **M. Bigot de Préameneu**, ministre des cultes, il lui dit ces paroles que nous avons recueillies de la bouche même de celui qui les entendit : « Comment auraient pu subsister tous ces gouvernements qui sont tombés les uns sur les autres *comme des capucins de cartes*, puisqu'ils n'étaient pas fondés sur une base religieuse ! » Napoléon portait en lui le sentiment religieux qui ne s'efface jamais d'une âme chrétienne, et pourtant son vaste esprit fut en proie à plus d'une aberration. Ainsi sa raison admettait le dogme de l'immortalité de l'âme, mais non pas

tout-à-fait comme l'enseignent les saintes et con-
solantes croyances de l'église. Il voyait l'immortalité de l'âme dans le retentissement, prolongé
jusque dans la postérité la plus reculée, d'un nom
incessamment répété par la voix des générations
futures. C'était l'erreur d'un génie qui se trouvait
trop à l'étroit même dans son immensité et qui ne
se rendait pas compte de cette gloire toute céleste
qui se rit des grandes renommées et grandit dans
leur humilité les hommes qui ont vécu selon
Dieu.

Napoléon, et c'est peut-être là la plus impé-
rissable de toutes ses gloires, fit plus pour le
rétablissement de la religion en France qu'aucune
secte philosophique n'avait pu faire pour la détruire. A cela, oserons-nous ajouter qu'il alla
jusqu'à épurer le culte religieux en le plaçant en
dehors de toutes les hypocrisies. Ne soyons donc
point étonnés si l'église, par l'un de ses plus
dignes ministres, l'abbé Coquereau, a témoigné
devant la dépouille de César la reconnaissance
qu'elle avait contractée envers César vivant.

Peu habitué, comme on a pu s'en convaincre,
à reproduire les idées qui ne nous appartiennent
pas, peut-être moins enclin encore à louer un
travail qui nous est étranger, nous triompherons

ici de ces deux scrupules afin de rendre hommage
par une courte citation au livre où l'abbé Coquereau a recueilli ses souvenirs de Sainte-Hélène,
car nous ne craignons jamais de nous humilier
devant la voix du prêtre. Voilà, selon cette voix,
magna sonans, ce qu'était Napoléon. « C'était un
homme à l'histoire duquel les siècles futurs ose-
ront à peine croire ; un de ces hommes cachés
dans les secrets de Dieu, et qu'il enfante lorsqu'il veut faire éclater sa droite ; homme qui apparaît sans qu'on sache d'où il vient, se produit
comme l'étincelle du caillou sous le frottement,
se révèle comme l'éclair qui jaillit d'un ciel noir,
retentit au milieu des tempêtes déchaînées comme
une voix de tonnerre ; homme d'une époque et
non d'un pays, d'un jour unique et sans retour ;... Dieu l'avait appelé son instrument, les
hommes Napoléon..... Un jour, inconnu, perdu
dans la foule, d'un bond rapide il en était sorti.
Qui était-il ? Nul ne le savait. Où allait-il ? De-
mandez à Dieu. Quel était son âge ? Vingt-cinq
ans. Ses titres ? Les terres d'Europe et d'Afrique,
voilà les parchemins sur lesquels il allait les
écrire. Avec quelle plume ? Une épée... Historien sublime, il tracera en lignes ineffaçables
cette époque merveilleuse, où les hommes de-

viendront des géants ; les jours, par ce qu'ils contiennent de faits, des années ; ces faits, c'est le canon qui les publiera ; les plaines de l'Italie, les champs de Memphis et de Thèbes, les toiles qui les reproduiront, encadrées dans les lignes d'or de leurs brillants soleils. Époque sans nom et sans exemple, où l'Europe devient un camp, où tout citoyen est soldat, tout soldat un héros, où le capitaine seul règne et domine, et donne à ses légions pour tentes les palais de marbre de Venise, pour tombeaux les pyramides ! C'est l'anarchie comprimée, les échafauds veufs de leurs victimes, et si le sang coule encore, ce n'est plus sous la main du bourreau qui déshonore et qui tue, mais sous la main du soldat dont le glaive vous marque au visage, mort ou vivant, d'un blason glorieux... Au milieu de l'histoire merveilleuse de Napoléon, entraîné par la grandeur et la rapidité des faits, l'homme se sent prêt à tout légitimer, à tout excuser ; l'homme a en lui la conscience de ses faiblesses, de ses erreurs, et s'il trouve quelques pages sanglantes, il dit : Les rayonnements du glaive empêchent d'en voir le tranchant. Si l'ambition a suscité quelques querelles, troublé le repos des hommes, il ajoute : Tout est pardonné à qui se couronne du succès ou même succombe enveloppé dans un glorieux linceul. Ainsi peut penser l'homme, ainsi ne peut penser Dieu. Devant lui, le mal est le mal, sans atténuation, sans excuse, pour ceux qui ont reçu un talent d'or et y ont mêlé de l'alliage. Ceci explique tout. »

Ainsi devait parler un digne ministre de l'autel sur celui qui, avant de mourir, avait prononcé ces paroles mémorables que ne saurait trop méditer la jeunesse si elle se sentait portée à se targuer d'incrédulité : « Je suis né dans la religion catholique, je veux remplir les devoirs qu'elle impose et recevoir les sacrements qu'elle administre. Vous direz tous les jours la messe dans la chapelle voisine, et vous exposerez le Saint-Sacrement pendant les quarante heures. Quand je serai mort, vous placerez votre autel à ma tête, dans la chambre ardente, puis vous continuerez à célébrer la messe. Vous ferez toutes les cérémonies d'usage, et vous ne cesserez que quand je serai enterré. » Qui, maintenant, oserait se vanter d'avoir *l'esprit plus fort* que ne l'avait Napoléon.

Nous avons dit combien fut heureuse la traversée de la frégate la *Belle-Poule* et du brick la *Favorite*, dans leur trajet de Sainte-Hélène en

France ; cependant nous réparerons ici une omission relative à un incident qui marqua le 2 décembre, jour de la fête des morts. Nous nous plaisons à rappeler la conduite honorable que tint en cette circonstance le jeune commandant de l'expédition. Les deux bâtiments avaient navigué de conserve, lorsque, ce jour-là, après la célébration de l'office divin à bord de la *Belle-Poule*, on aperçut la *Favorite* chassant à l'horizon pour y reconnaître un bâtiment. Bientôt elle l'eut joint et peu après une embarcation, mise à la mer, rallia la frégate. Le commandant de la *Favorite* communiqua au prince de Joinville un journal hollandais en date du 7 octobre ; les nouvelles qu'il donnait étaient graves dans les circonstances où nous étions alors, et que devait ignorer le commandant de l'expédition, quoique déjà, à Sainte-Hélène, quelques bruits vagues eussent couru sur la possibilité d'une guerre imminente avec l'Angleterre. Le journal hollandais en parlait comme d'une chose au moins probable, car c'était au moment où l'irritation était la plus vive entre les deux puissances que venait de désunir la question d'Orient. Le journaliste ajoutait qu'en commençant les hostilités sur les côtes de Syrie, les Anglais avaient amené une conflagration générale. Certes, il était permis de croire que la guerre éclaterait après l'insulte faite à la France par voie d'exclusion ; surtout en présence du glorieux cercueil qui renfermait Napoléon, on devait penser que la France en tirerait une éclatante vengeance. Il n'en fut rien et tout le monde connaît la suite des événements que nous n'avons point d'ailleurs mission de raconter ; nous devons donc nous borner à dire que le jeune prince et ses braves compagnons entrevirent, avec une noble audace, le nouveau caractère que pouvait prendre l'expédition entreprise sous de pacifiques auspices. Tout fut donc disposé pour défendre, jusqu'à la dernière extrémité, les grandes reliques enlevées aux griffes du léopard britannique et ne les point laisser retomber, quoi qu'il pût arriver, en son odieuse puissance. La *Favorite* dut se séparer de la *Belle-Poule*. Le prince fit armer en guerre, et des canons furent installés dans les chambres des passagers et jusque dans celle du capitaine. « Nous pouvions mourir, dit l'aumônier de la *Belle-Poule*, mais être pris, jamais ! » Honneur soit au prince qui sut prendre ces dispositions et prouva ainsi combien il comprenait la valeur du dépôt confié à sa garde pour le ramener en France.

Enfin, nous le possédons ce dépôt sacré qui, comme nous l'avons dit précédemment, entra dans un port français le jour anniversaire du couronnement de l'empereur. Nous n'avons plus maintenant qu'à le suivre depuis son arrivée à Cherbourg jusqu'à Neuilly, remontant le cours de la Seine au milieu d'ovations et d'un cortége triomphal, et enfin de Neuilly où, pour la première fois, le corps de Napoléon toucha la terre sacrée de la France, jusqu'à sa dernière demeure aux Invalides. Le récit de ces honneurs spontanément décernés par le peuple, de ces pompes triomphales environnant les funérailles d'un grand homme, mérite d'être conservé. Ces pompes triomphales, ordinairement si vaines quand elles s'adressent par la flatterie intéressée à l'orgueil puissant et dispensateur des biens que recherche l'avidité des hommes, prennent un autre caractère quand elles expriment la pensée unanime d'une grande nation, quand la religion y préside et aide par ses prières la voix du peuple à monter jusqu'au ciel. A ces titres, selon nous, le voyage funèbre et glorieux du corps de Napoléon et les derniers honneurs rendus à sa mémoire dans le temple consacré à l'inauguration de ses immortelles dépouilles, font partie de son histoire, car

elles attestent, plus que toute autre démonstra-
tion quand il était au faîte de sa puissance, l'in-
destructibilité du ciment qui unit Napoléon au
peuple français. Nous pensons d'ailleurs que tous
ceux qui ont eu l'honneur de figurer soit indivi-
duellement, soit par masses dans les diverses
phases des cérémonies expiatoires, seront fiers et
heureux de retrouver la description de ces honneurs fugitifs, mais dont le souvenir sera éternel.

Le mardi 8 décembre, fut le jour fixé pour le
départ du convoi qui devait se rendre par mer de
Cherbourg au Hâvre. Ce jour là, à dix heures
du matin, une grande cérémonie religieuse, à
laquelle assistèrent toutes les autorités civiles et
militaires, fut célébrée à bord de la *Belle-Poule*.
Depuis l'arrivée de la frégate à Cherbourg, elle
était constamment l'objet d'un pieux pélerinage.
Ceux qui étaient admis à visiter la chapelle ardente où reposait le catafalque s'inclinaient avec
autant de respect que d'émotion, devant le trophée de la mort. Ils le voyaient recouvert du
manteau impérial, surmonté d'une couronne d'or
massif. Aux quatre angles étaient des couronnes
de lauriers dorées entourant un N en or. La
tenture de la chambre était de velours cramoisi,
orné de broderies et de franges en argent. Le

cercueil en acajou, remplacé à Sainte-Hélène par le cercueil apporté de France, fut coupé en divers fragments que l'on distribua à tout l'équipage comme autant de précieuses reliques destinées à éterniser le souvenir de la part qu'ils ont prise à l'expédition. On n'évalue pas à moins de cent mille le nombre des pélerins qui, pendant les huit jours que le cercueil resta à Cherbourg, vinrent s'agenouiller devant cet auguste reliquaire.

Aussitôt que le service du 8 fut terminé à bord de la *Belle-Poule*, on procéda au transbordement du cercueil sur la *Normandie*, bâtiment destiné au transport des restes de l'empereur. Pendant que cette opération avait lieu et à un signal donné, mille coups de canon, simultanément tirés des forts et des bâtiments mouillés en rade et dans le port, firent retentir l'air de ce bruit solennel des batailles que l'empereur avait entendu tant de fois dans sa vie. Qui pourrait compter le nombre de coups de canon tirés pendant son règne! De temps à autre, des salves d'artillerie continuèrent à se faire entendre; enfin quand la flottille quitta la rade, on tira les mille coups de canon. On vogua pendant la nuit en se dirigeant vers le Hâvre où le cortége impérial arriva le lendemain matin avant le jour. Là, on

s'occupa de mettre à bord de la *Seine* des hommes transportés par le *Véloce*. Vers sept heures
et demie, on passa devant le port en prenant la
direction de Rouen.

Arrivés au Val-de-Lahaye, la *Normandie* ne
pouvant remonter plus haut la Seine, un nouveau transbordement devint nécessaire ; il eut
lieu à bord de la *Dorade*, n° 3, après que le cercueil eut été dépouillé de ses draperies et en présence du prince de Joinville. La *Dorade* devint
alors le bateau catafalque ; on le peignit en noir,
à tête de mât flotta le pavillon impérial ; sur le
pont, à l'avant, reposa le cercueil recouvert du
poêle funèbre rapporté de Sainte-Hélène ; l'en-
cens des chrétiens répandit dans l'air ses religieux
parfums, tandis que la croix s'élevait à la tête
de Napoléon et que le prêtre se tenait devant
l'autel. Un événement fâcheux signala l'arrivée
du cortége au Val-de-Lahaye ; en servant une
pièce, un garde national fut grièvement blessé
et reçut de prompts secours. Nous rapportons ce
fait pour pouvoir l'accompagner d'une observation. Ce garde national, le dernier blessé en
l'honneur de Napoléon, ne devrait-il pas avoir
la croix et une place marquée aux Invalides ?

A dater de ce moment, voici comment fut

composé le cortége et dans quel ordre il vogua vers sa destination. En tête, la *Parisienne*, ayant à son bord les inspecteurs de la navigation ; le *Zampa*, avec la musique du prince ; la *Dorade* n° 3, portant le cercueil ; les trois bâteaux appelés *Étoiles*, montés par les marins de la *Belle-Poule* et de la *Favorite*; les *Dorades* n° 1 et 2 ; enfin le *Montereau*.

Jamais les rives de la Seine, depuis son embouchure jusqu'aux abords de la capitale, n'avaient offert un spectacle aussi radieux que pendant ce voyage. La rigueur de la température de décembre n'arrêta point l'élan des populations riveraines ; des deux côtés, le littoral offrait, si l'on peut ainsi dire, une ligne non interrompue de quais humains et mobiles d'où s'élevaient des cris d'enthousiasme et de componction. Dans les villes, tout était noble, réglé avec soin par les autorités, mais partout la religion avait le pas dans cette solennité, et les cloches sonnant à grandes volées, jointes au bruit du canon, rappelaient les mélancoliques prédilections que le son des cloches inspirait à Napoléon. Quels que furent d'ailleurs les préparatifs réguliers destinés à solenniser le passage du convoi funèbre dans les villes, ils n'approchèrent point de l'élan spontané des habitants des campagnes. Là c'était la mémoire du cœur qui revivifiait Napoléon parmi les anciens de la contrée. Voici le tableau de ces expansions recueilli par un témoin oculaire. « C'était un pêle-mêle de femmes, d'enfants, de vieillards ; les femmes se signaient en remuant de leurs mains rougies par le froid les grains de leur chapelet ; les vieillards tombaient à deux genoux sur la terre et se relevaient rajeunis en pensant au temps où ils avaient combattu sous Napoléon ; les enfants ouvraient de grands yeux et semblaient s'attendre à un miracle, à voir ressusciter le héros dont ils ont entendu raconter à la veillée la gigantesque histoire. Tous s'efforçaient de suivre les bâtiments remontant la Seine, les yeux incessamment fixés sur le bateau catafalque, cette immense châsse de la gloire.

» Donnons ici une description sommaire de ce bateau catafalque que le grandiose de son exécution n'avait malheureusement pas permis de remorquer jusqu'à Rouen, l'une des villes dont l'empereur favorisa le plus les chances de prospérités, l'une des villes dont le cœur est demeuré reconnaissant et, si l'on peut ainsi dire, napoléonien. Ce bateau, dont l'idée appartient à MM. Visconti et Labrouste, architectes du gou-

vernement, a trente-sept mètres de long sur neuf
mètres et demi d'élévation, non compris les pavillons où furent inscrits les noms des principales
victoires de l'empereur. Le corps du bateau est
orné d'une galerie avec pilastres surmontés d'aigles ; à l'avant est un aigle en bois doré sculpté ,
de deux mètres de haut et de trois mètres d'en-
vergure. Les pilastres sont au nombre de vingt,
séparés entre eux par autant de boucliers portant
chacun le nom d'une des plus glorieuses batailles
gagnées par Napoléon, avec soubassement de
guirlandes de chêne et de laurier. Sur l'arrière
s'élève un temple-catafalque posé sur un soubassement de deux mètres et demi au-dessus du
pont, et soutenu par douze pilastres couronnés
d'une corniche et de quatre aigles sculptés et dorés. Ces quatre aigles supportent quatre grandes
guirlandes d'immortelles liées par des rubans de
satin violet. Chaque entre-colonnement de pilas-
tre est orné de guirlandes et de couronnes d'immortelles. A l'entrée du temple sont quatre caria-
tides sculptées et dorées. On y arrive par des
marches et des gradins; au pourtour reposent
seize candelabres de bronze ciselés et dorés, supportant des cassolettes dans lesquelles brûlent des
parfums. Cette chapelle a seize mètres de long sur

huit de haut. Les tapis, les tabliers et le drap mortuaire sont en velours violet, brodés d'abeilles et d'étoiles d'or ; au centre de chaque tablier brillent des N en relief brodés en or ; les franges de ces tabliers sont en torsades d'or ; au-dessous de chaque tablier et au pourtour du temple, règnent de grandes guirlandes d'immortelles entrecoupées de couronnes semblables. Sur le catafalque, on a posé le coussin, la couronne et l'épée venant de Sainte-Hélène. Le plafond est en satin blanc, parsemé d'étoiles et d'abeilles brodées en or. De chaque côté de la proue, formant terrasse, s'élèvent deux grands pilastres supportant deux trépieds en bronze sculpté et doré, où brûlent aussi des parfums. Ces pilastres liés entre eux par une belle galerie forment l'arrière du bateau. A la proue existe un buisson touffu de lauriers, de deux pins naturels et de deux superbes palmes d'or. Du milieu de ce buisson s'élèvent sept grands pavillons nationaux surmontés de couronnes et d'aigles sculptés et dorés. »

Comme nous l'avons dit, malgré l'habileté du directeur des bateaux à vapeur les *Dorades*, il fut impossible de remorquer jusqu'à Rouen ce bateau monumental. Il fallut donc, à Rouen, improviser, à bord de la *Dorade* n° 3, un catafalque

provisoire où furent déposés les restes de l'empereur, et ce fut seulement au débarcadère de Courbevoie que, le matin même de la cérémonie des
Invalides, c'est-à-dire le 15 décembre, les grands
honneurs extérieurs purent être rendus à Napoléon, conformément aux divers programmes arrêtés d'avance. Ces programmes, il faut le dire,
étaient bien conçus et traités sur une grande
échelle, mais leur exécution ne fut pas digne en
tout point de la conception qui y avait présidé.
D'abord, en plusieurs localités riveraines de la
Seine, et notamment à Mantes, les populations se
virent déçues sur l'heure annoncée où devait passer la flottille ; de consciencieuses autorités même
en portèrent leurs plaintes, et un maire donna sa
démission pour ne point demeurer responsable de
la déception de ses concitoyens.

Dépouillons ici la vérité de ces hardes de cour
dont on se plaît trop souvent à l'affubler, et si
nous avons à blâmer quelques incertitudes dans
l'action réelle du gouvernement, nous pourrons,
sinon justifier, du moins expliquer ces incertitudes.

Un changement de ministère était survenu
dans l'espace de temps qui s'écoula entre le départ de l'expédition pour Sainte-Hélène et son
retour en France. Le ministère déchu reconnais-

sait pour chef nominal et réel **M.** Thiers, trop jeune pour que sa vie ait été marquée par aucune apostasie à l'égard de Napoléon. Le ministère qui l'avait remplacé comptait, au dire de la voix publique, deux chefs, l'un ostensible, le maréchal Soult, l'autre plus réel, **M.** Guizot. Le premier de ces deux ministères avait redemandé les restes de Napoléon à la Grande-Bretagne, et le second se trouva chargé de les recevoir. C'était bien évidemment pour ce dernier ministère une tâche forcée, et il suffit, pour se convaincre de sa contrainte, de se rappeler les diatribes officielles inscrites dans les ordres du jour du maréchal Soult contre Napoléon, alors encore vivant ; et les animosités furieuses de **M.** Guizot contre notre empereur. **L'obligation ménagée par la toute-puissance du hasard à M. Soult et à M. Guizot de recevoir les cendres de Napoléon, rappelle le supplice moral infligé par un souverain du nord, Paul Ier, à l'assassin de son père. A la mort de Catherine, son fils, Paul Ier, fit en effet exfoder le corps de Pierre III, pour lui faire rendre des honneurs** jusque là refusés à sa mémoire. Il désigna le prince Orloff pour présider à l'exhumation, et celui-ci put reconnaître les blessures que lui-même avait faites à son maître avec un poignard. Ainsi s'ex-

pliquent certaines répugnances à assister aux funérailles de Napoléon. Il y eut au moins de la tié-
deur, de l'hésitation dans les honneurs rendus au
grand homme, et surtout plus d'ostentation que
de sincérité ; on eût dit que l'on aurait voulu s'en
cacher comme d'une action douteuse que l'on su-
bissait, au lieu de s'en enorgueillir. Il est vrai,
pour tout dire, que des rumeurs sourdement répandues avaient fait craindre un mouvement
hostile de la part de cette tumultueuse malveillance que d'un seul de ses regards Napoléon, s'il
eût pu s'affranchir des liens de la tombe, aurait
fait rentrer dans l'ordre et contrainte au silence ;
des cris assez nombreux, dirigés contre les ministres en présence de l'auguste victime de l'Angleterre, cris sortis pour la plupart des rangs armés
de la garde nationale, furent les seules protesta-
tions des citoyens contre un ministère peu sou-
cieux d'hériter des haines généreuses de Napoléon contre l'éternelle ennemie de la France.

Amenés par anticipation à rappeler des démonstrations au moins excusables dans la circonstance où elles furent faites, il nous faut
maintenant revenir sur nos pas, afin d'examiner
les préparatifs pour la réception des dépouilles
impériales, depuis Neuilly jusqu'aux Invalides.

Derrière le pont de Neuilly, au débarcadère, on construisit une immense chapelle ardente, et du pied du pont une colonne rostrale s'éleva dans les airs à la hauteur de quarante mètres. Elle dominait des piédestaux établis aux deux côtés du pont et portant des trépieds et des trophées. De Neuilly à l'entrée du Champ-de-Mars la voie fut déblayée, élargie en quelques endroits et partout sablée, comme l'avait été pour la première fois en l'honneur de Napoléon, le jour de son couronnement, la voie qui sépare les Tuileries de l'église de Notre-Dame. Quelles diverses impressions d'espérances et de regrets ont dû éprouver ceux qui, comme nous, ont été témoins des deux solennités à trente-six ans de distance.

Sur la plate-forme de l'Arc-de-Triomphe, que dans ses jours de gloire et de splendeur Napoléon avait dédié à la grande armée, était représentée son apothéose. L'empereur, vêtu en grand costume impérial, comme il l'était au jour de son sacre, et comme devrait l'être encore sa statue au sommet de la colonne de la place Vendôme, était debout devant son trône ; à ses côtés s'élevaient deux figures allégoriques représentant, l'une le génie de la Guerre, et l'autre le génie de la Paix. Ce groupe, posé sur un socle d'une grande proportion , était orné de guirlandes et de trophées d'armes de toute espèce, rappelant les batailles et les victoires de Napoléon. Dans des trépieds placés à chaque angle, brûlaient des feux de couleur. Enfin, aux angles extrêmes du monument, deux renommées à cheval représentaient la Gloire et la Grandeur.

Dans l'avenue des Champs-Élysées, depuis l'Arc-de-Triomphe jusqu'au pont Louis XIV, trente-six statues, dont dix-huit étaient espacées de chaque côté, et toutes rappelant le souvenir de victoires célèbres, formaient sur la route un cortége immobile. En outre, on avait dressé vingt-huit colonnes pyramidales dont la corniche était surmontée d'un globe, sur lequel reposait un grand aigle doré. Les piédestaux du rond-point des Champs-Élysées portaient de vastes corbeilles à pied, dans lesquelles étaient divers emblèmes. A chaque angle du pont Louis XVI, s'élevait une colonne triomphale, surmontée d'un aigle, et ornée à sa base d'un bas-relief représentant les génies de la Guerre et de la Paix. Puis, sur les piédestaux du milieu, on avait placé huit statues allégoriques; c'étaient : la Prudence, la Force, la Justice, la Guerre, l'Agriculture, les Beaux-Arts, l'Éloquence et le Commerce. En avant de ce même pont, sur le milieu du perron du Palais-Bourbon, s'élevait la statue colossale de l'Immortalité. Fort heureusement la statue de l'Immortalité regardait du côté du convoi et tournait le dos à la chambre des députés.

Sur le quai des Invalides était une imitation provisoire d'une statue colossale de Napoléon, par son ancien sculpteur Bosio. Le modèle terminé de cette statue est destiné à surmonter la colonne de la grande armée à Boulogne. Napoléon y est représenté revêtu du costume impérial, parsemé d'étoiles. Il tient dans la main droite un cordon auquel est attachée la croix de la Légion-d'Honneur, en l'honneur de la grande distribution qui se fit pour la première fois au camp de Boulogne... Et l'on n'a pas restitué l'effigie de l'empereur à la croix de la Légion-d'Honneur !

Nous ne cacherons point notre prédilection pour le genre d'honneur préparé à Napoléon dans la principale avenue qui regarde le milieu des Invalides, et s'étend depuis le quai d'Orsay jusqu'à l'entrée du sanctuaire des vieux braves. Selon nous, ce fut une idée heureuse que de lui faire traverser une double haie composée des grands rois et des grands hommes dont s'honora la France avant sa venue au monde. Là, tous les temps et

toutes les gloires furent représentés ; salué des
héros morts avant lui, l'empereur put rendre le
salut à d'autres héros qu'il avait connus et qui le
suivirent dans l'éternité. Là se trouvaient trente-
deux statues, dont seize formaient de chaque côté
une garde d'honneur, un bataillon sacré recruté
dans les siècles, et dont aucun autre royaume ne
pourrait offrir une si glorieuse similitude. Là , on
voyait Clovis, Charles-Martel, Philippe-Auguste,
Charles V et Jeanne d'Arc ; Louis XII, Bayard
et Louis XIV ; Turenne, Dugay-Trouin, Hoche,
Latour-d'Auvergne , Kellermann , Ney, Jourdan , Lobau , Charlemagne , Hugues-Capet,
Louis IX, Charles VII, Duguesclin, François Ier,
Henri IV, Condé , Marceau , Desaix , Kléber,
Lannes, Masséna , Mortier et Macdonald. Nous
avons trouvé dans cette nomenclature quelques
noms que nous nous abstiendrons de signaler,
mais que nous n'aurions pas voulu y voir figurer ;
surtout nous avons remarqué l'absence des
effigies du grand abbé Suger, de Sully et de Duroc , qui mérita d'être surnommé le Sully de Napoléon. Selon nous, il eût été dans les convenances de ne pas accointer à Duguesclin et à Bayard,
à Turenne et à Condé , des maréchaux qui ne le
furent pas sous l'Empire, ou d'autres qui , dans

28.

les jours néfastes, désertèrent la cause de Napoléon. Comme symbole d'honneur et de fidélité,
Macdonald était à sa place.

En avant de la grille d'entrée de l'hôtel des Invalides, s'élevait un immense dais en forme d'arc
triomphal, richement décoré et pavoisé, destiné
à recevoir le char impérial, où il dut déposer son
précieux dépôt. Dans l'allée conduisant de la
grille à la cour royale, régnaient deux rangées de
candelabres surmontés de cassolettes. Dans la
cour royale on avait construit une chapelle ardente de cinquante-quatre pieds d'élevation. Cette
chapelle, pavoisée tout autour, était décorée de
bas-reliefs imitant le bronze et représentant
toutes nos victoires.

Maintenant, pour achever cette revue des honneurs matériels préparés pour la réception des
dépouilles de Napoléon, pénétrons dans l'intérieur
de l'église des Invalides, où nous verrons un magnifique et funèbre spectacle. Tout le dôme, depuis le sol jusqu'au premier ordre d'architecture,
est tendu d'une draperie en velours violet et or, et
parsemée de tous les insignes impériaux; au milieu, à l'emplacement où sera érigé le tombeau
de Napoléon, s'élève un immense catafalque,
décoré de plumes, d'aigles et des armes de l'em-

pereur, rehaussé de quatre rideaux de velours bordés d'hermine, se relevant et soutenus par une couronne octogone ; le catafalque, entouré de trophées de drapeaux, est surmonté, au niveau des croisées de la coupole, de quatre grands cercles formant une dentelle lumineuse. Tout-à-fait au fond de l'église était construit un autel, au-dessus duquel s'élevait la tribune destinée à Louis-Philippe et sa famille. Trois bannières, portant le chiffre de Napoléon, sont placées, l'une entre les deux tribunes, et les deux autres vis-à-vis les tombeaux de Turenne et de Vauban. Dirons-nous qu'il y avait des places réservées pour les membres des deux chambres? C'était une superfétation et peut-être, dans nos idées du moins, le réveil maladroit de souvenirs mauvais. Pourquoi la chambre des pairs? En sa qualité probablement d'héritière du sénat conservateur qui, deux fois, prononça la déchéance de Napoléon. Pourquoi la chambre des députés? Afin de rappeler sans doute ses méfaits de 1814 et de 1815, quand elle insultait Napoléon de ses pusillanimes remontrances, ou bien quand elle lui déniait jusqu'à sa qualité de premier soldat du monde.

Nous retraçons le souvenir de toutes les parades de tapisseries et de décoration qui précédèrent et accompagnèrent la grande cérémonie du 15 décembre, mais nous en sommes peu émus. Rapportons toutefois un mot qu'à cette occasion nous avons recueilli de la bouche d'un homme du peuple. « Napoléon, après sa mort, nous a fait plus travailler, disait ce brave ouvrier, que ne l'a fait vivant aucun des souverains qui ont pris sa place. » Il y a quelque chose de caractéristique dans une pareille observation. Elle est juste, elle est simple ; le peuple se rappelle dans quel état de prospérité toujours croissante il vivait sous le gouvernement impérial. Les entreprises, contenues, si l'on peut ainsi dire, entre deux quais, suivaient leur cours sans déborder, sans inonder les riverains. Nous n'avons pas vérifié la chose, mais nous parierions volontiers que, sous l'Empire, il ne se déclarait pas autant de faillites en un an que l'on en voit éclater aujourd'hui dans un seul trimestre. C'est l'influence morale de Napoléon sur le beau pays de France que nous aurions souhaité de voir revenir avec ses cendres. Dans l'inutilité de nos vœux, complétons notre examen sommaire des choses extérieures en disant quelques mots du char destiné à lui faire accomplir son dernier trajet sur la terre de la patrie.

On avait fait, si ce langage est permis en si grave circonstance, une répétition de cette partie de la cérémonie. Le corbillard gigantesque qui transporta de Courbevoie aux Invalides les restes de Napoléon, comptait, sur dix mètres de haut, neuf mètres de long et cinq de large. Construit dans les ateliers de l'administration des pompes funèbres, il était traîné par seize chevaux noirs attelés par quatre de front. Son sommet, dans le trajet préparatoire qu'on lui fit parcourir à travers les plus larges voies de la capitale, atteignait le troisième étage des maisons. Dans la nuit du 14 au 15 décembre, il fut conduit à Courbevoie pour y recevoir sa charge glorieuse.

Enfin le 15 de grand matin, après avoir remonté la Seine au milieu d'ovations populaires échelonnées spontanément sur toute la route, le cercueil de Napoléon fut enlevé du bateau catafalque, et religieusement déposé sur le char dont nous venons de donner une courte et bien imparfaite description. Cependant, à dater de ce moment, en dehors de l'intervention du peuple et d'honorables débris de la vieille grande armée, la grande solennité des funérailles impériales que l'instinct populaire salua du nom de fête de l'em-

pereur, prit un caractère moins religieux, et
dont les pompes parurent trop profanes. Ces
pompes, en effet, nous ont semblé plus mytholo-
giques que chrétiennes ; nous y aurions aimé plus
de simplicité, et qu'on ne pût pas accuser les or-
donnateurs des obsèques de Napoléon d'avoir
cherché à le rehausser par de vains simulacres,
comme si ce n'eût pas été sa seule grandeur qui
eût rejailli sur tout ce qui environnait son convoi. A ce sujet, faisons observer l'impuissance
des poètes à chanter dignement l'empereur, qu'ils
appartiennent à l'antique muse classique, ou
qu'ils aient sacrifié sur les autels du Baal roman-
tique. Napoléon fut, dans la miraculeuse vérité
de son histoire, un immense et vivant poème ;
sous ses cendres coulent des torrents de poésie
grandiose, mais qui fuiront long-temps devant
les Tantales assez audacieux pour vouloir s'y
désaltérer. Le plus sublime effort de la poésie
consiste à grandir par l'imagination les hommes
et les événements dépourvus de grandeur ; il lui
faut des suppositions, elle se nourrit de fables :
mais il lui faut s'agenouiller humblement aux
pieds d'un colosse dont il lui est à peine permis de
mesurer l'imposante élévation. C'est tout au plus
si l'astre éclatant qui nous éclaire et vivifie le

monde a inspiré quelques beaux vers, tandis que la lune, avec sa clarté douteuse, est et sera toujours l'astre favori des poëtes de toutes les écoles. Que pourrait même l'éloquence, si supérieure à la poésie quand elle veut se mesurer aux choses réelles? Elle succomberait infailliblement. Supposez réunis Démosthènes et Cicéron, saint Jean aux paroles d'or, Bossuet et Mirabeau ; supposez leurs voix sublimes formant un concert d'éloquence pour produire l'oraison funèbre de Napoléon; ils ne pourront rien ajouter au plus simple récit des faits, ils seront vaincus par la grande voix du PEUPLE, et ils ne diront rien de grand que ne surpasse et n'efface la seule énonciation de ce nom magique : NAPOLÉON. Au contraire, la voix du prêtre, au milieu même des prestiges de tant de grandeurs mondaines, de tant de gloire, de tant d'héroïsme, saluera la terre qui recouvre les ossements du grand homme, soufflera sur les oripeaux d'or et de velours, mettra à nu le cadavre, et, élevant vers le ciel l'index de sa main droite, dira : « Dieu seul est grand ! »

Quelle destinée que celle de Napoléon ! Quel homme a bu plus largement à la coupe des grandeurs humaines, des satisfactions que donnent la gloire et la fortune! Quel homme aussi fut abreuvé de plus d'amertumes et de si poignantes douleurs! Rapprochez à dix ans de distance les splendeurs du sacre et les tortures de Sainte-Hélène, et voyez tout d'un temps le dispensateur des trônes de l'Europe mis au ban de sa terre natale et privé de l'eau et du feu de la patrie. Convenez-en alors, oui, nous avons bien fait de voir dans Napoléon une émanation de la Providence et le symbole personnifié d'un grand peuple.

Le voilà cependant rendu aux vœux de ce peuple qu'il a tant aimé et qui lui conserve encore un si religieux amour. Le peuple! voilà la réelle magnificence de son cortége funèbre et triomphal depuis les abords de la grande ville jusqu'au temple des Invalides au travers de ces décorations que nous avons esquissées. Dès neuf heures du matin, une foule nombreuse, toute vêtue de noir, envahissait les deux nefs latérales et les tribunes de l'église des Invalides, resplendissant de milliers de bougies qui produisaient un effet vraiment imposant. Leur clarté faisait surtout ressortir des trophées heureusement échappés aux dévastations de 1815; c'étaient les drapeaux d'Austerlitz et d'Iéna, palmes plus glorieuses que toutes les pompes accumulées autour d'elles.

Fidèle à Napoléon après sa mort comme il le lui avait été vivant, le soleil succéda à une température sombre, froide et brumeuse, et le protégea dans sa marche. Il était deux heures et demie quand enfin le cortége arriva à sa destination où étaient réunis le roi, en costume de garde nationale, toute la famille royale, les deux chambres. Le roi était sur un trône préparé dans le chœur, les princes, ses fils, autour de lui, et les princesses en grand deuil dans une tribune basse. On y remarquait également les infants d'Espagne, les ministres, les maréchaux et les principaux dignitaires de l'État.

Lorsque les vieux canons des Invalides eurent salué les restes de celui dont ils avaient si souvent proclamé les victoires, on vit enfin arriver le cortége impérial, et ce fut dans toute l'église un mouvement de stupeur recueillie, une manifestation de respect et d'admiration dont aucune voix humaine ne serait capable de donner une idée. Le clergé de Paris, ayant son archevèque en tête, marcha à sa rencontre jusqu'au dehors des portes pour recevoir le cercueil. A trois heures, au bruit du bronze qui tonnait et au milieu du plus profond recueillement, le cercueil est entré dans l'église. Nous n'essaierons pas de reproduire quel

frémissement électrique parcourut l'assemblée
des vingt mille personnes présentes. Nous ne trouvons dans nos souvenirs d'émotion comparable à celle-là qu'en nous rappelant celle que nous
éprouvâmes le jour où, pour la première fois,
nous fûmes présenté à l'empereur. Peu à peu
les yeux se fixèrent en tête du convoi funéraire
sur le général Bertrand. En ce moment solennel,
aucun cri ne s'est fait entendre, mais combien de
joues furent sillonnées par des larmes d'attendris-
sement. C'était l'empereur que revoyaient, après
vingt-cinq années d'une douloureuse séparation,
ses vieux compagnons d'armes, les glorieux débris de toutes les armes de la grande armée, rajeunis sous le faix léger de leur ancien uniforme.
Ceux-ci manifestaient le regret, légitime selon
nous, de ne pas voir figurer à côté des insignes
de l'Empire, la redingote grise des camps, premier manteau de la puissance de Napoléon, et
dont l'histoire a consacré le souvenir. Après que
le cortége eut lentement traversé toute l'église,
conduit par le prince de Joinville, le général Bertrand, les maréchaux duc de Reggio et Molitor,
et l'amiral Roussin portant les quatre coins du
poêle, le cercueil, porté par les marins de la *Belle-
Poule*, fut déposé par eux sur le catafalque, et le

service funèbre commença. L'archevêque de Paris officia en grande pompe. L'orchestre du conservatoire, qui avait déjà salué les restes mortels de l'empereur par une marche funèbre, exécuta le *Requiem* de Mozart. Jamais ce chef-d'œuvre n'avait produit un effet aussi mélancolique et aussi profondément senti. Un seul homme était de trop aux Invalides; c'était un officier prussien en uniforme, bravant par sa présence le respect dû à la mémoire de Napoléon. On entendit alors crier : Vive l'empereur ! c'était un salut d'adieu ; à ce cri se mêla sans aucun autre le cri : Vive le prince de Joinville ! Ce fut un salut de reconnaissance méritée.

Ainsi s'effectua, après que le cercueil de Napoléon eut traversé un concours de plus d'un million d'hommes, de femmes, de vieillards et d'enfants, le dernier vœu d'un grand homme. Honorons éternellement sa mémoire, et souhaitons à la France des souverains qui lui ressemblent.

VIII.

L'Avenir.

Le présent appartient à tous tant que nous sommes ;
Aux savants, le passé ; l'avenir, aux grands hommes.
(DELILLE.)

Nous avons suivi Napoléon au milieu des brillantes fantasmagories de sa vie d'enfant, d'homme, de héros et d'empereur. A côté de ses couronnes impériales et royales nous avons soigneusement placé sa couronne de martyr, la plus belle de toutes et celle que, peut-être, il a le mieux portée dans ce monde et qui en eût fait un demi-dieu chez les anciens, en consacrant son immortalité. Toutes ces choses appartiennent à un seul homme ; elles forment une masse compacte de gloire, un monument plus durable que les monuments témoins de ses victoires. Par bonheur, Napoléon ne fut ni sans fautes ni sans faiblesses, et nous avons recueilli les parcelles de ce ciment qui le rattache à l'humanité.

Maintenant, sans nous targuer d'une préscience prophétique, ne nous sera-t-il pas permis de jeter notre imagination au travers des limbes de l'avenir et de démèler dans un conflit d'événements que couve la Providence deux fractions du genre humain, élevées toutes les deux au-dessus des partis qui se subdiviseront en elles : la fraction obéissante, pour laquelle la liberté réside dans l'ordre, l'ambition dans le travail, et l'égalité dans la communauté des droits ; la fraction turbulente, indisciplinée, se plaisant au milieu des tempètes, faisant de tout une loterie où les billets gagnants deviennent la proie de ceux qui n'ont pas payé leur enjeu. Entre ces deux fractions dont Napoléon a prédit le triomphe, soit de l'une soit de l'autre, en appelant l'une cosaque et l'autre république, sa vie restera comme un inextinguible fanal dont fa lumière éclairera dans l'avenir les vices de l'une et de l'autre, les malheurs attachés à tous les extrèmes. Chose admirable! la république et le pouvoir absolu peuvent également invoquer le nom de Napoléon; mais ces deux invocations adressées à deux époques de sa vie tomberont l'une et l'autre dans le vide; dans ses actions on trouvera toujours des exemples qui condamneront les théories contradictoires, parce que la mouvance de l'esprit humain ne permet pas d'établir des règles fixes dans l'art de gouverner les hommes et que le

29.

héros d'un temps ne serait souvent qu'un fou dans un autre temps. Napoléon, c'est le colosse écrasant d'un pied la fin d'un siècle révolutionnaire, et de sa main puissante édifiant un siècle d'ordre. Ainsi apparaîtra-t-il dans l'avenir ; ainsi est-il déjà aux yeux des hommes non prévenus. Mais on ajoutera qu'avec lui l'ordre disparut.

Un Russe vint à Paris en 1815. Ce Russe était le comte Rostopschine. Il se défendit du crime magnifique de l'incendie de Moskow. Il blâmait les souverains dont l'aveuglement exilait l'empereur. Il voulait, hyperboliquement sans doute, que Napoléon fût conservé en Europe pour enseigner à tous les héritiers des trônes l'art de gouverner. Ce vœu, quand même il eût été dérisoire dans la bouche de celui qui le formulait ainsi, n'en est pas moins l'expression de l'avenir réservé à Napoléon. Déposé aux Invalides, il sera éternellement le grand maître d'école dont les rois devront étudier la vie et prendre des leçons. Heureux ceux qui sauront profiter des hauts enseignements de son génie ; plus heureux encore les peuples que ces rois seront appelés à gouverner.

TABLE.